EL ARTE DE AMAR EN LA PAREJA

EL ARTE DE AMAR EN LA PAREJA

TECNICAS ILUSTRADAS DE LAS RELACIONES SEXUALES

anaya editores, s.a.

ANTONIO SALGADO HERRERA.

Esta edición consta de 5,500 ejemplares
y se terminó de imprimir el 5 de julio de 2002
en los talleres de
ANAYA EDITORES, S.A.
Jesús Urueta No. 176-C,
San Pedro Iztacalco,
C.P. 08220, México, D.F.

ISBN 968-453-052-8

Registro de la Cámara Nacional
de la Industria Editorial
Número: 0561

Impreso y hecho en México
Printed and made in Mexico
Imprimé et fait au Mexique

NOTA PRELIMINAR

El presente libro tiene por intención, la de significar el mejor compañero del amante moderno; este manual deberá representar el compañero inseparable de quien piensa hacer del amor un arte verdadero, ya que eso y no otra cosa, es EL DIVINO DON DE AMAR.

Todo el que pueda escenificar con su ser querido, un cuadro amoroso de suprema ternura, debe tener a la mano este libro, ya que descubrirá con su pareja, mucho del intrincado cuanto hermoso, PARAISO DEL AMOR CARNAL.

En este trabajo descendimos hasta el lenguaje cotidiano, el usual que maneja nuestro pueblo bajo, y todo el que pueda hablar el español de nuestros días. Asimismo, debemos rendir homenaje al creador de las ilustraciones que engalanan este trabajo, plenas de belleza, poesía y ganas de vivir. Ese artista maravilloso es ROGELIO GIL. Gracias maestro por concedernos sus fabulosas gráficas.

Con humildad y veneración.

El Autor.

A). –

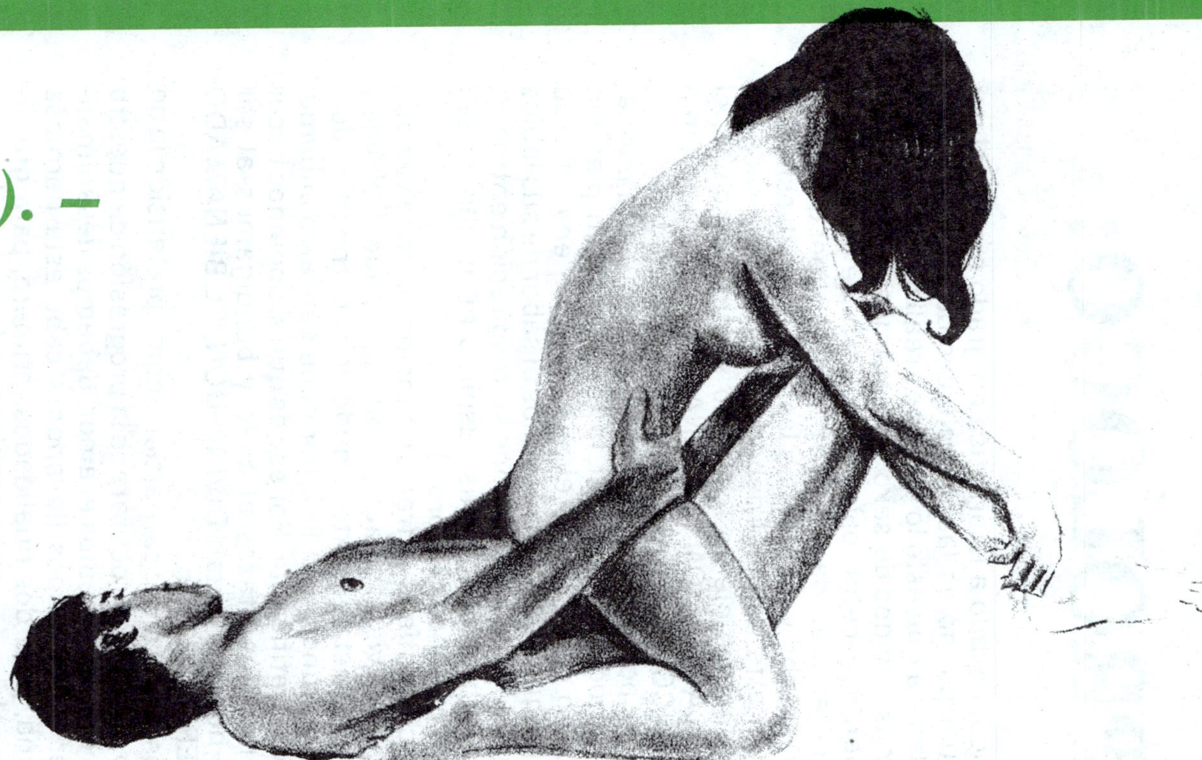

ESTA POSICION EN EL lenguaje popular se conoce como "La Cubanita" y consiste en que el hombre se acuesta de espaldas y la mujer toma la pose "A caballo" pero al revés. Para la mayor comodidad de la dama, el caballero flexiona sus rodillas para que ella tenga un punto de apoyo.

PROLOGO:

El arte erótico, llevado a la práctica en grado magistral por hombres y mujeres, no es labor exclusivo de los auténticos atletas sexuales, ya que ésto lo podemos realizar todos aquellos que estemos dotados de sexo, y queramos regalarnos de un grato momento placentero; lo único que hace falta son: un hombre, una mujer liberada y cuatro paredes, o ¿por qué no? el mismo cielo por techo y de testigos las avecillas silvestres.

El amor es un arte del cuál debemos enorgullecernos, ya que pone en funcionamiento los cinco sentidos. Incluso, el amor, es la UNICA FUNCION HUMANA en la que se ponen a trabajar LOS CINCO SENTIDOS que tenemos; veamos:

Sin los ojos, no podríamos ver la belleza de nuestra pareja; sin el tacto, no podríamos palpar la tersura de su piel; sin nuestro olfato, no captaríamos el perfume que envuelve su cuerpo; sin la lengua, no degustaríamos el sabor de sus labios y sin nuestros oídos, no captaríamos su respiración entrecortada, sus ayes sabrosísimos, sus suspiros ni demás. O sea que, como ya lo pudimos comprobar:

Nuestros cinco sentidos entran en funciones, cada vez que hacemos el amor: la vista, el tacto, el olfato, el sabor y el oído y por si fuera poco, hasta el sexto sentido de sabernos amados, entra también en funciones. El amor debe serr algo sublime, bello, hermoso y gratificante. Por eso es que si podemos hacer el amor, alcemos los brazos al cielo y bendigamos al ser supremo, que nos otorgó tan DIVINO DON, EL BIENAMADO DON DE PODER AMAR.

No olvidemos que el amor carnal tiene como pretensión la de la gestación, o sea, la de procurarnos la progresión de nuestra especie; o sea que, si hacemos el amor, debemos desanimalizarnos y saber que estamos llevando a cabo esta hermosa función humana, para dos finalidades: primero, para gratificarnos, para regalar a nuestros sentidos, pero, segundo: para perpetuar nuestra imagen.

Be). –

EN ESTA POSE DE El *Abrazo-Sentados, la pareja tiene las manos libres para prodigarse caricias y el contacto sexual es a profundidad plena, permitiendo un goce completo en ambos amantes. Los dos están sentados; él en primer plano y ella sobre los muslos de él.*

Es por esto que debe tomarse plena conciencia de saber, qué es lo que queremos hacer. Si sólo queremos amarnos, entonces hay que llevar a cabo las medidas pertinentes para evitar el embarazo; o sea, el uso oportuno del llamado DIU (Dispositivo Intra Uterino), las inyecciones, los óvulos, y las píldoras o pastillas que impiden el embarazo

Si lo que queremos es efectuar el acto de la concepción, sin que por ello tenga que menguarse el aspecto gratificante y placentero, entonces es menester adoptar la actitud de la paternidad responsable y responder por los seres que lleguen a concebirse.

Como quiera que sea, siempre se tendrá en mente el regalo óptimo, del exquisito platillo del sexo, el más caro regalo que nos pudo haber dado la vida. ¿o mentimos acaso, señores?

Pues bien, si la pretensión amatoria fuera el lograr la concepción, aquí en este libro y validos de las oportunas gráficas del maestro Rogelio Gil, veremos lo referente al acto sexual dentro del embarazo, de tal modo que ni en ese "estado interesante" se interrumpe, el hermoso regalo que la vida nos dió: LA SEXUALIDAD.

Ce). –

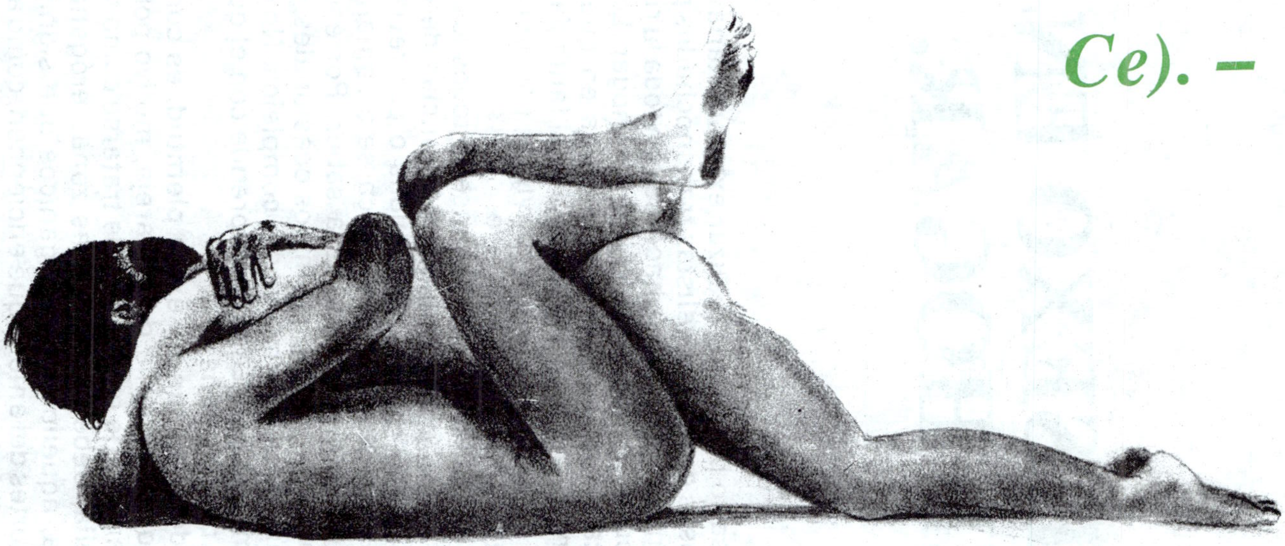

***ESTA POSE ES** La Enredadera-Acostados y obedece al hecho de que el hombre aprisiona con piernas y brazos a su dama, quien se deja reposar sobre su amante. La mujer se siente más posesionada y propicia un aliciente moral de dependencia sobre un hombre posesivo.*

EL SEXO EN EL HOGAR.

No es necesario pretender realizar extraordinarias proezas sexuales, de esas que los novelistas transnochados ponen en todo mundo; ¡no! el sexo puede hacerse con toda la riqueza de imaginación posible, en el mismo seno del hogar. Lo malo de pensar de esta forma evolucionada, radica en que muchos hombres dicen que no le enseñan tal o cual fantasía sexual a su esposa, en la propia recámara conyugal, por una hipócrita "razón" de que, dizque, se prostituye.

Lo cierto es que, si el marido no enseña todos los secretos sexuales a la mujer, ésta, que tendrá noticias de ellas por medio de sus amigas más desinhibidas o por revistas para damas, seguramente pensará en buscarse un amante que le de todo lo que ella tiene derecho a saber. Por eso es que muchas damas se encuentran amigos ocasionales, aquellos que sí la traten como una mujer sin complejos. No en balde dice el dicho mexicano: "La mujer aprende con el querido, lo que el marido no le enseña".

Una forma de disfrutar el sexo a plenitud, es conociendo palmo a palmo la anatomía de la pareja, motivo por el cuál, desde el primer mes de casados, o de tratarse como amantes, ambos, él y ella, deben conocer las zonas erógenas de su amante; o sea, aquellos sitios orgánicos que significan los auténticos resortes del amor y que encienden, como auténtico volcán, la sexualidad de cada quién, para desembocar en el remate del acto amoroso: el Orgasmo.

Che). –

ESTA POSE LLAMADA *De a Perrito en Alto, permite la total* **entrega de la dama, a la que se posesiona** *por atrás estando ella descansando sobre sus rodillas y las palmas de sus manos. Aquí las manos del varón quedan libres y puede acariciarla en sus pechos, su espalda, sus nalgas y demás.*

Es menester que el marido, o sea, el señor de la casa, invariablemente se reserve por semana uno o dos días disponibles, donde se pondrá en plan de Casanova y recordará los años iniciales del romance con su mujer, quien a su vez, escogerá las actitudes más desenfadadas posibles y en las que olvidará, al menos por aquella noche o noches, los problemas de la casa: que si el precio de ésto, que si los estudios del niño perengano, que si la telecomedia equis y demás detalles inhibidores y hasta prosáicos.

Deben reservarse esos eternos enamorados, un nidito de amor en el hogar, y ¿por qué no? a veces... ¡muchas veces! deberán "escaparse" a cenar, a bailar, a tomar una copa y a enamorarse en un hotel de cierta categoría, guardando todos los detalles de un amasiato interesante. Ella saldrá "ganan do" pues el regalo que le dará su marido como "amante", no es lo mismo que el que le daría si la tratase sólo como "esposa". ¡Bueno! esperemos que esto último se tome como broma, pero si analizamos la psicología de los amantes, veremos que en algo, tenemos la razón.

El cuerpo humano es nuestro laboratorio interno y cada quien, si maneja los aspectos propios del caso, puede hacer del amor una auténtica explosión y lograr el éxtasis de los sentidos. Recordemos que no hay mujeres frígidas, hay hombres inexpertos, según dicen las malas lenguas (diría algún bromista) y en efecto, la lengua es el órgano sexual que "muchas personas usamos para hablar"; ésto, según lo ha pregonado el ingenio mexicano.

Esto es una gran verdad, quien sabe manejar su lengua sabrá detectar con extrema facilidad, las zonas erógenas de su amante. Ninguna mujer tiene derecho a desconocer el orgasmo, si su enamorado sabe manejar su lengua. Debe explorar todo el cuerpo de su dama con sumo cuidado. Cada vez que descubra, al desnudarla, tal o cual parte del cuerpo, debe tocar dicha parte con su lengua, recrearse, deslizarla con arte y sobre todo, saber mordisquear esa porción. Las caricias no deben ser con la palma o las yemas de los dedos. El araño es el que, llevado con suavidad, suele conectar la corriente eléctrica necesaria, para tener a la dama a punto.

Los creadores del Aushparishtaka (el Sesenta y Nueve), los hindús, sabios maestros del amor, se burlan de nosotros los occidentales, porque desperdiciamos el cincuenta por ciento del amor; o sea los escarceos, o dicho a la mexicana "el cachondeo". Sí, pero un calentamiento supremo, fabuloso, efectivo y no prosaico, desganado, chabacano ni procaz. Ellos,

De). –

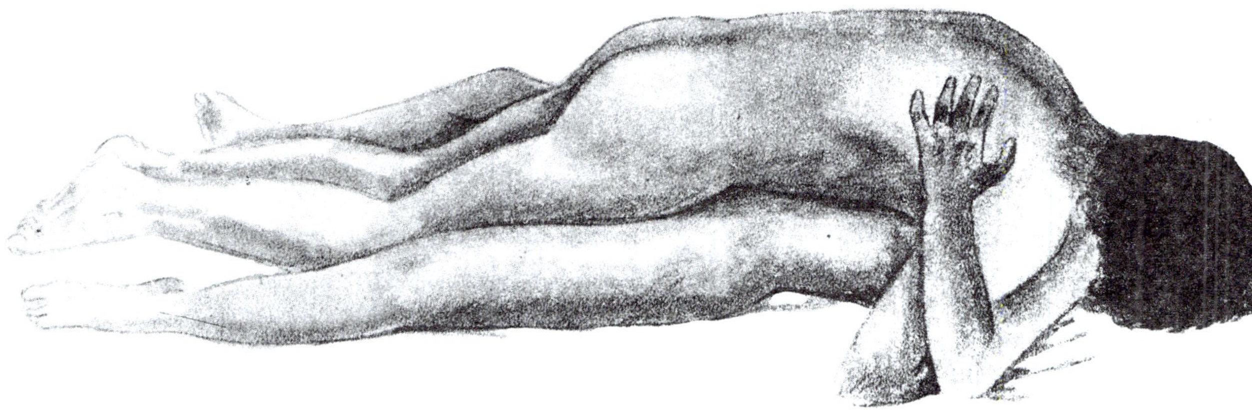

ESTA ES LA POSE NATURAL o normal donde la dama está yacente y el hombre encima de ella; ambos quedan en posición horizontal. Antiguamente se le conocía como "La Pose del Monje", ya que cuando varios misioneros llegaron a América hicieron práctica de dicha pose sorprendiendo a los naturales.

los amos del Kama Sutra y El Ananga Ranga, los indostanos, sí que saben tocar todos los resortes del amor, de modo que cada sesión amorosa, resulta una obra de arte.

Además de los hindús, los daneses, suecos, chinos y ahora los japoneses, han sabido ya desbloquear a sus mujeres y otorgarles el enorme regalo sensorial del Orgasmo, el auténtico triunfo de la vida. Mucha gente que sufre y llora, por un sólo orgasmo puede justificar su existencia. No en balde dijo un paremiólogo mexicano: "La mujer puede hacernos sufrir todo un año, si en sólo media hora nos compensa tanto sufrimiento". Sí, media hora de placer pleno, de sexo triunfal.

E). –

ESTA ES LA "POSE DEL CARACOL", ya que es una figura erótica que conforma la semejanza de dicho molusco y para la que hace falta la disposición particular, de una gran elasticidad por parte de la dama; no es muy efectiva para reportar placer sino sólo como variante sexual, para los amantes con imaginación.

POSICIONES PARA EL COITO

Las variaciones en el acto amoroso, son la forma más efectiva de romper la monotonía en la relación erótica. La pose llamada "natural", "normal" o "la pose del monje", es la más conocida, pero a la vez la más fácil de aburrir o almibarar la vida matrimonial. La diversificación de posiciones hace del acto carnal algo jovial, plástico, agradable, ameno, bonito y artístico, en tanto que la realización del coito en la forma usual, anquilosa y prácticamente acartona tan hermosa actividad humana. La variedad de poses en el acto erótico, llena de imaginación a los amantes y deja que las fantasías sexuales, adornen y alegren sus vidas.

En el presente trabajo y contando con la valiosísima maestría del dibujante y retratista, Rogelio Gil, nos permitimos incluir las más usuales posiciones amorosas, de las que en su momento hablaremos con amplitud, aunque por ahorita las mencionaremos, en el orden en que están presentadas en estas páginas. Veamos:

A) La Cubanita.
Be) El Abrazo—sentados.
Ce) La Enredadera—Acostados.
Che) De a Perrito—en alto.
De) Natural, Normal o del Monje.
E) Del Caracol.
Efe) Orillita de cama.
Ge) Palito ensebado o De a Caballo—con beso.
Hache) Pose lateral.
I) A Caballo—Sentada.
Jota) Abrazo—Hincados.
Ka) Reposo absoluto.

Efe). –

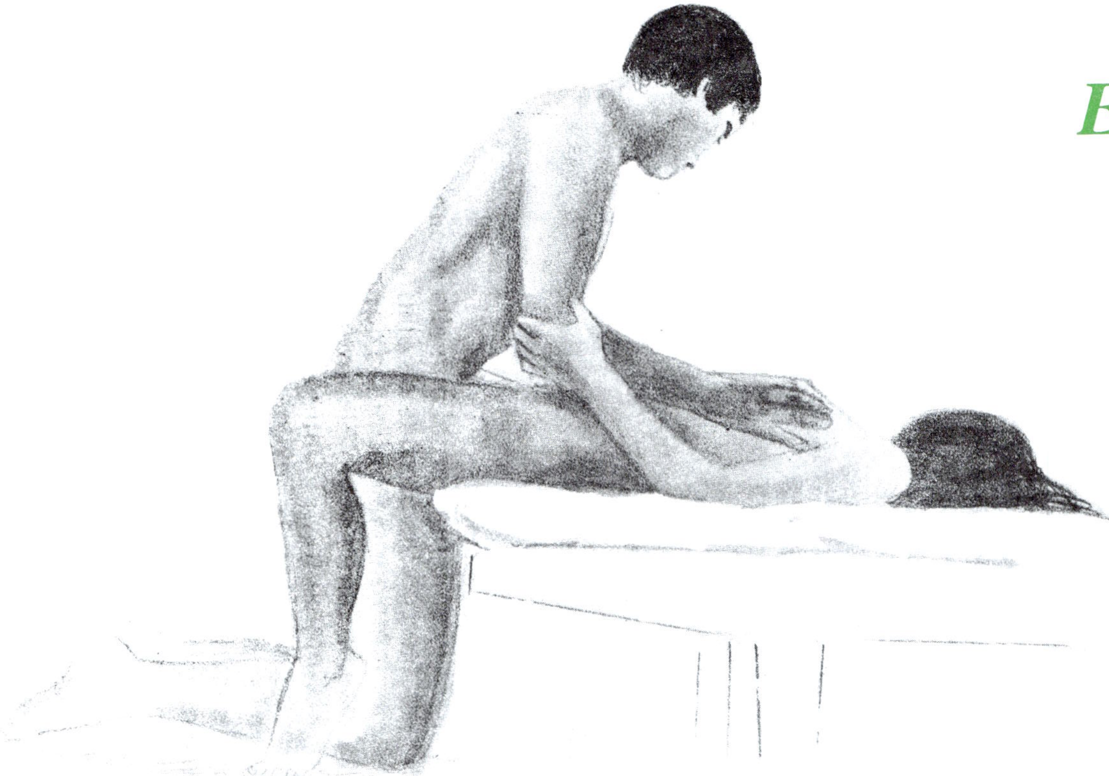

ESTA FIGURA EROTICA, ES CONOCIDA *popularmente como "Orillita de Cama" pero con la modalidad de que el varón está hincado, para lo que es menester disponer de una cama baja. Permite al hombre continuar los escarceos eróticos e incentivar digitalmente: senos, clítoris, ombligo, etc.*

Ele) Abrazo posterior—de pie.
Elle) Perrito en alto con tocamiento en los senos.
Eme) Ella abraza con las piernas—lateral.
Ene) Pubis en Alto.
Eñe) Ella se inclina al frente—de pie.
O) Orillita de cama con tenazas a la cintura.
P) Gráfica de dos períodos concepcionales.
Qu) La cubanita estilizada.
Ere) La Recuperadora.
Erre) Ella a horcajadas y ambos echados atrás.
Ese) El Pollito Frito.
Te) El Equilibrio Preciso.
U) El hincado y ella sostenida en una mano.
Ve) Abrazo en silla.
Dobleú) Orillita de cama, ella relajada.
Equis) La Vid Trepadora.
Ygriega) El Sesenta y Nueve.
Zeta) Amantes 'Encontrados'.
Alfa) Entrega Absoluta.
Beta) Amantes Paralelos.
Gamma) Del Perrito Clásica.
Delta) Amantes de Pie.
Epsilon) Orillita de cama con armas al hombro.
Dseda) Pose lateral en silla.
Eta) Paralelos boca-abajo.
Teta) Palito ensebado horizontal.
Iota) Enredadera en alto.
Kappa) Sostenida en vilo.
Lambda) Sillita Posterior.
Mi) Paralelismo horizontal con ella encima; y
Ni) Abrace con las piernas de ella.

Indudáblemente que hay infinidad de posiciones amatorias, mencionadas en obras como El Jardín Perfumado del Jeque Nefzawí, El Kamasutra, El Danés y el Japonés, El Libro del Amor (Modernas Técnicas Sexuales) y muchos más; sin embargo, todas esas derivan de las aquí presentadas y, como ya lo dijimos antes: este trabajo puede ser el compañero ideal del amante moderno, si es que así se lo propone nuestro estimado lector, todo radica en la idea de pensar de un modo evolucionado, desinhibido, plástico y artístico, así como gratificante y placentero. La mecánica de los cuerpos es una bendición de Dios, que debemos agradecer y sobre todo, aprovechar.

Ge). –

***ESTE ES EL ESTILO** erótico conocido por el pueblo como "Palito encebado" ó "La pose de a Caballo-con Beso", en la que la dama se monta sobre su hombre, quedando ambos frente a frente. Los dos pueden besarse e intercambiar caricias; él puede utilizar la boca en los senos de su compañera.*

CONSIDERACIONES PERTINENTES

Dentro de la vida sexual del homo sapiens o ser humano, es necesario expresar algunas consideraciones pertinentes, que hacen de nuestra vida sexual algo seguro y pleno de un conocimiento necesario. Por principio de cuentas, debemos tener plena conciencia de lo siguiente:

La higiene es fundamental en la vida sexual de los amantes de todos los tiempos. Los lavados o abluciones, son el signo de garantía de un momento feliz, pues de la desconfianza viene la inseguridad y de la seguridad vienen la tranquilidad y obviamente, la salud. La vida sexual dentro del ámbito de la salud, es algo fabuloso: una sesión amorosa a plenitud tiene mucho que ver con la limpieza del galán y de la chica.

Tres de nuestros sentidos protestan ante la falta de limpieza: el olor, el tacto y la vista: Sí, nuestros ojos captan la mugre pegada en la piel, el tacto la detecta, por la aspereza de la piel en la parte sucia y nuestro olfato, percibe la falta de afición de la persona en cuestión, por el jabón y el zacate. Ciertamente, la mugre va muy peleada con la identificación amorosa, pues quien quiere a su amante, no pretende que se le vaya de las manos por un simple detalle de falta de limpieza.

En Europa, donde tanto escasea el agua; los cosméticos y perfumes, cumplen la sagrada misión de tener aseado el cuerpo; si bien decía Platón de Atenas, que el cuerpo es el templo donde moran los dioses, ¿por qué no tenerlo limpio, para que los dioses estén a gusto? Aquí podríamos intentar un dicho: "Dime cuánto amas y te diré cuánto te bañas". . .

Hache). –

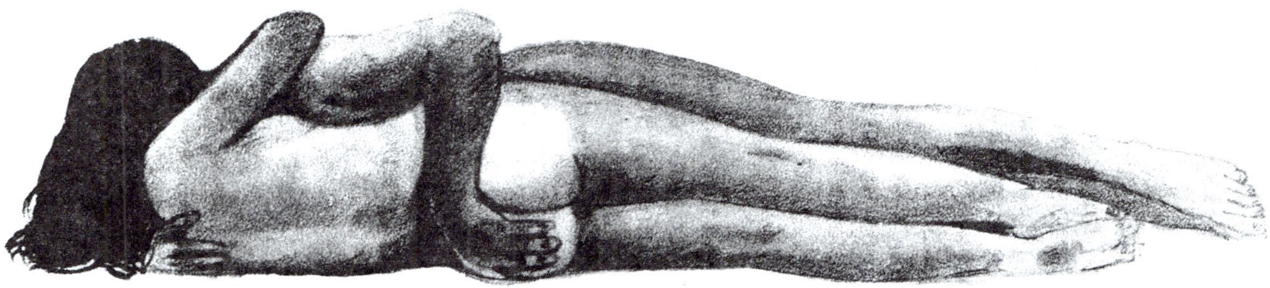

ESTA POSE LLAMADA "Lateral" es aplicable cuando la dama está en su tercer o sexto mes de embarazo y tiene por finalidad el cuidar al máximo el estado prematerno de la mujer. No tiene mucho rédito sensual pero cumple con la finalidad de mantener la unión matrimonial.

Hay 2 tipos de baños: general y local. El primero es cuanto se moja todo el cuerpo y el segundo cuando es sólo una parte del mismo. Se habla también de baños cuando se expone el cuerpo desnudo a ciertas acciones; así se habla de: baño de sol; de aire frío o caliente; de vapor; de arena; de lodo o arcilla y demás. Hay asimismo baño con cepillo, esponja, zacate, vapor, y el modo de efectuar el baño es en tina, en regadera, en piscina cubierta o al aire libre, lo mismo que en la playa. ¡En fin! que como quiera que sea, lo importante es tener el cuerpo limpio, para entregarlo limpiamente al amor. ¿O quiere usted sufrir un desaire por desaseado? Con toda seguridad que no, así que, haga del baño una necesidad vital.

Es menester saber una cosa y es que las bacterias que causan el mal olor, tienen como punto de reunión las partes de tela que tocan las partes sudorosas de nuestros cuerpos; o sea que cuando huelen mal las axilas, la que huele es la ropa, pero uno de los elementos orgánicos necesarios y siempre la mala sudorificación, va relacionada con la falta de aseo. Si usted tiene una cita urgente y ha trajinado mucho durante el día, basta que se exprima medio limón en cada axila y, solución eficaz.

Si por ejemplo no hubo tiempo de lavarse uno los dientes y la fuerte naturaleza descompone en diez minutos los alimentos incrustados en las muelas, pues entonces hay que mascar un par de pastillas de chicle aromático y caso resuelto. El hecho es que no tiene uno que dar la mala nota ante el ser amado, quien, muchas veces soporta una falta de respeto como esa, por el mucho amor que nos tenga, pero al disminuir la pasión, sí puede hacer una alusión a la falta de baño. No esperemos ese momento, que sería fatal. Dejemos que entre esas cuatro paredes que abrigarán el amor, todo sea limpio, especialmente nuestros cuerpos.

I). –

EN ESTA FIGURA EROTICA (Llamada "A Caballo-Sentada"), el placer es gratificante y la dama lleva el ritmo de la unión a su sentir y capricho, destacando su personal sensibilidad. El varón tiene las manos libres para acariciar sus senos aunque puede jalarla hacia él y besarla en la boca.

TODOS PODEMOS AMAR

Desde el primer momento en que un ser humano ha sido iniciado en la vida sexual, siempre, ¡óiganlo bien! ¡siempre! podrá seguir amando. ¡Claro! a menos que haya alguna cuestión mutilante, castrante o de grave padecimiento orgánico. ¡Vamos! pero fuera de esos presupuestos lógicos, todo aquél que haya iniciado su sexualidad, podrá seguir practicándola, si es que sabe disciplinar su vida a varios principios sencillos, pero necesarios.

Por principio de cuentas necesitamos derribar ciertos tabús, supersticiones o creencias, que ruedan en las cantinas, de mesa en mesa, sin que ninguno de los que fomente tales consejas, sea ningún experto en la materia o al menos algún facultativo que como serio se precie. Veamos, hay que derribar creencias como:

Mucho sexo conduce a la locura. ¡No es cierto! Lo contrario también es mentira. Tampoco es verdad que el tamaño del pie o de la nariz, equivale al tamaño del pene. Nadie puede afirmar sin pasar por cuentista, que los matrimonios tengan forzósamente una cama, ya que esto es cuestión de comodidad; si las camas están próximas, no cuesta ningún trabajo salvar la distancia. También miente quien asegure que sólo los sujetos que tienen el pene demasiado grande, saben satisfacer a una mujer. Eso es cuestión de sabiduría sexual.

No es cierto que los hombres que tienen mucha pelambre en el cuerpo sean amantes super-dotados; muchos hombres lampiños suelen ser auténticos tigres en la alcoba, sin que por ello tengan que parecer osos o gorilas. Hay quienes dicen que sólo las mujeres bonitas saben complacer a su hombre en la cama, y eso es una falsedad; hay algunas feicitas que son auténticos monumentos y resultan maestras de postgrado, en el arte de amar.

Jota). –

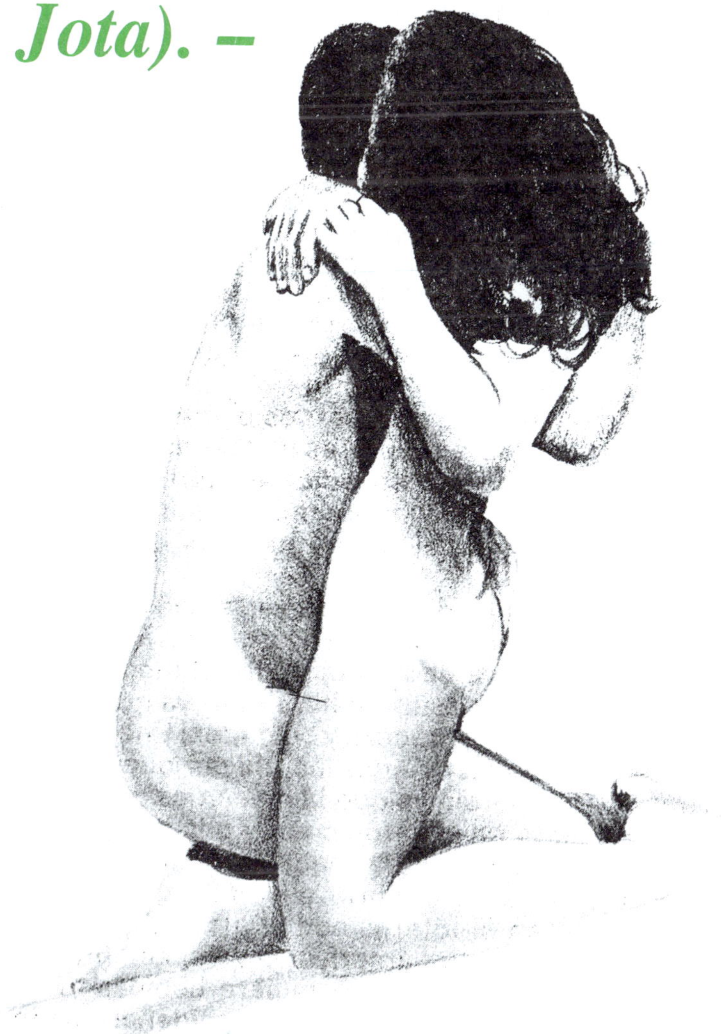

ESTA POSE LLAMADA "ABRAZO-HINCADOS" no permite el espacio suficiente para un movimiento amatorio a plenitud pues suele permitir "el desenganche"; sin embargo, sí tiene el atractivo de tener frente a frente a los dos amantes para regalarse caricias y besos.

Hay quien asegura que hacer el amor con una chica mientras le dura su período menstrual, es pernicioso para él o para ella. Esto tampoco tiene bases científicas y la práctica lo desmiente. Otros aseguran que después de cenar y bailar el amor es bastante gratificante. ¡Cierto! es fabuloso, pero no forzósamente después de cenar o bailar, sino en cualquier momento. Y es posible que de una forma impensada, sea algo hasta más gratificante, ya que las sorpresas gratas siempre son gratas sorpresas.

También es una rotunda mentira el que haya alguien que tenga una sóla fórmula para conquistar mujeres. Esto es tan imposible como si alguien afirmara que sólo hay dos colores: el negro y el blanco. Cada mujer requiere una técnica diferente para rendirse ante su galán. La hembra humana es uno de los seres más disímbolos e incomprensibles de la existencia: su lógica es lo ilógico.

Otra creencia que hay que derribar, es el hecho de pensar que los escarceos (el calentamiento) es una pérdida de tiempo, cuando que muchas veces en esto radica el interés del enamoramiento. Mientras más excesivos preliminares utilice un hombre, mejor hombre será para el amor y su mujer, se lo agradecerá.

Es mentira que las mujeres se sientan atraídas únicamente por hombres musculosos, fuertes y bien formados. Como decíamos: lo ilógico es la lógica de la mujer, de tal modo que hay individuos delgados que las suelen inquietar, ya que muchas quieren ser tratadas con delicadeza y cuidados, y no maltratadas. Igualmente, no es cierto que las chicas que ven a un hombre desnudo, se exciten, ya que la mecánica de la excitación, es diferente tanto en el varón como en la hembra.

Se afirma que la mujer que ha ingerido alcohol es menos dura de convencer que si está sobria, sin embargo, la mayoría de las mujeres pierden el interés con el alcohol y se ponen tensas; no obstante, el latinoamericano y especialmente el mexicano, piensan que si su dama ingiere bebidas etílicas, "carbura" a su favor. Tal vez haya cierta coincidencia al tomar una copa la dama, con la simpatía que le despierta el galán de referencia, pero de eso a lo otro, hay un mar de distancia.

Ka). –

EN ESTA GRAFICA DEL REPOSO ABSOLUTO, él la posesiona por atrás estando ambos yacentes de lado y en el mismo sentido; esta figura erótica sirve bastante para continuar sus relaciones sexuales, cuando ella se encuentra embarazada.

Hay galanes despistados que aseguran que a las mujeres les interesa conocer sus aventuras sexuales y eso es un error, ya que el mencionar "eso" es dejar de lado las propias virtudes de la pretendida. ¿A usted le agradaría que ella le hablara sobre sus pasados amores? Pues es un caso semejante: nunca hagas a otro lo que no quieras para tí.

Se dice que las divorciadas están siempre ansiosas de hombres y esa creencia se viene por tierra en muchos casos, ya que su experiencia conyugal fue en ocasiones tan pésima, que no quieren saber nada de los hombres, cuando menos mientras derriba su trauma por medio de un buen tratamiento psicomédico. Claro que muchas chicas que están en trámites de separación, ni siquiera esperan la sentencia de divorcio, para hacerse de un par de noches de amor con el amigo en turno.

Hay gentes que creen que cuando una pareja se queda trabada, es por el mucho amor que se tienen, sin embargo eso no es cierto, ya que suele ser una contracción de la vagina de la mujer, que en muy raras ocasiones suelen aprisionar dentro de sí el pene del sujeto de referencia. Los dolores son trementos y sólo una inyección antiespasmódica suele venir en ayuda de la pareja, y "destrabarlos"; o sea que esa "situación" no es exclusiva de los "guaguás".

Otro criterio prevaleciente es que los muchachones son mejores amantes que los maduros y eso es una real y reverenda mentira; lo digo como hombre maduro que soy (perdonen la sinceridad). La verdad es que por lo general, las técnicas eróticas de los muchachos dejan sin plena complacencia a sus enamoradas; su inexperiencia desequilibra sus proezas sexuales (de echarse dos sin sacar, o cosa parecida). De los treinta a los cincuenta y tantos años, el hombre es el mejor amante sobre la cama, por su experiencia, sabiduría amatoria, técnica y habilidad.

Tocante a eso de que todos podamos amar mientras tengamos vida, es tan cierto como que hay sol. En el caso del hombre, le debemos decir algunas cosas que vencen la impotencia:

Ele). -

LA POSICION DE PIE teniendo a la dama frente a sí, permite al varón manipularla y propiciar digitalmente un reporte placentero en el clitoris de la dama y las caricias sensuales en los senos de ella; asimismo, facilita la aventura erótica intempestiva estando bajo la regadera.

1. Si esta existe hay que recurrir al auxilio facultativo.
2. Una chica linda es el mejor afrodisiaco.
3. La nena debe ser complaciente En Todo.
4. La higiene es fundamental; no debe olerle NADA.
5. Hay que estar muy bien descansado.
6. Es preciso desnudarle poco a poco y uno mismo, recostarla.
7. Hay que SABER que el acto SERA PLACENTERO y SEGURISIMO.
8. El sitio debe ser tranquilo y aseado.
9. Hay que estar bien alimentado y vitaminado.
10. Hay que conjugar todo esto con mucha CONFIANZA del hecho.

Para tener siempre potencialidad sexual es preciso comer mucho bagazo de naranja, toronja, lima, mandarina o limón, por ser auténticas esponjas que absorben el colesterol de las venas; debe comerse mucha cebolla, ya que es adelagazadora de la sangre y de dos a tres veces a la semana, hay que tomarse una copa de licor, por ser el líquido etílico vasodilatador: no olvidemos que los cuerpos cavernosos del pene se llenan de sangre y mientras ésta sea lo más líquida posible, más rápido erectará al pene. Salvo en casos de alcoholismo.

Siguiendo lo anterior no hay impotencia que exista y me precio de tratarle lo anterior a los caballeros, por ser ellos la parte activa, en tanto que la mujer es la parte pasiva y su único quehacer será estar ápta para el amor, a base de la experiencia del hombre, a cuenta de mantenerse bella, limpia y predispuesta.

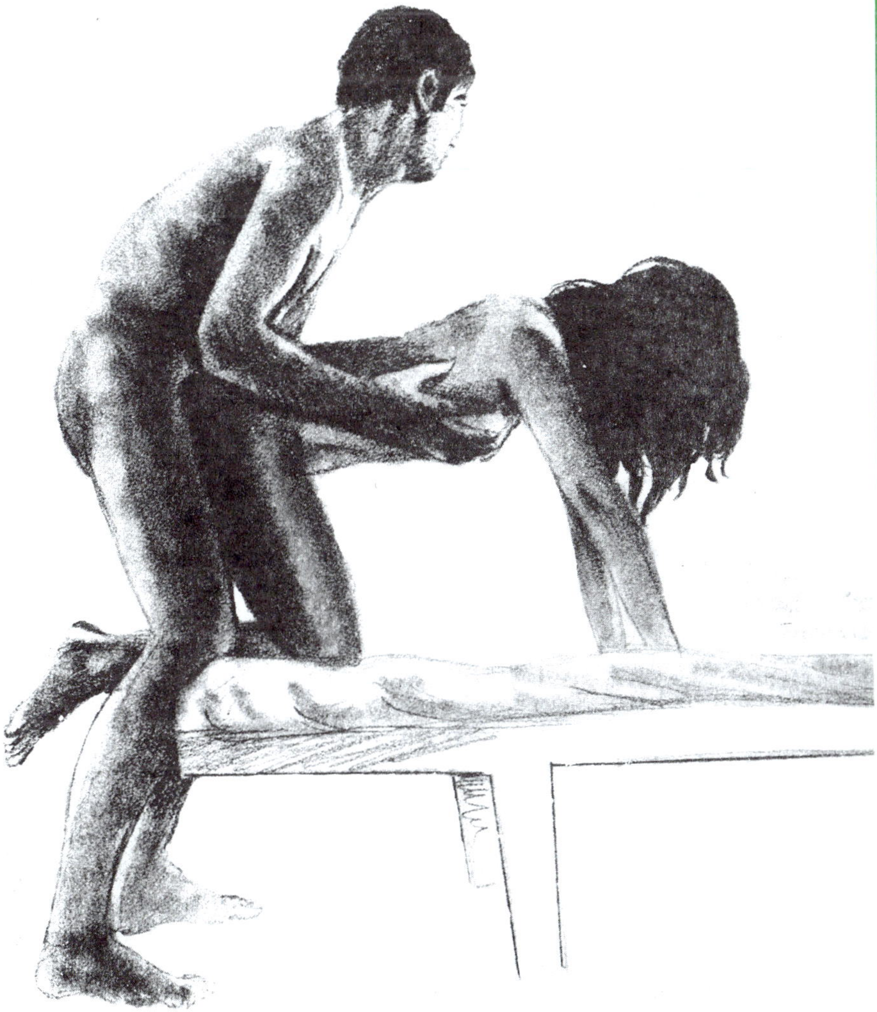

ESTA VARIANTE DE LA POSE del "Perrito" permite que el macho tenga a plenitud las nalgas de su pareja frente a su parte púbica y sus muslos, lográndose una motivación mental de mayor gratificación imaginativa, especialmente si la chica es generosa de caderas.

LOS ASTROS EN LA SEXUALIDAD

Las ventajas de conocer la astrología del sexo, radica en la facilidad que tienen los pretendientes, para saber que tal o cual persona, no los va a rechazar ante sus pretensiones. La incomprensión, la repulsa, el rechazo, desaparecen de inmediato. Los astros en su arsenal de datos celestes, tienen el referente a la atracción sexual y precisamente ese pequeño secreto se los vamos a revelar enseguida.

Si usted efectúa el amor con una dama de signo coincidente con el suyo, y usted ignora el signo de ella y ella el signo suyo, en una escala del uno al diez, ella le dará a usted la calificación de diez, tocante a su comportamiento sexual; sin embargo, a otro sujeto de signo zodiacal no correspondiente, le pondrá menos de cinco de calificación, ¿a qué se deberá eso? pues precisamente a la coincidencia astral de usted para con ella.

Cada hombre y cada mujer tienen especiales ideas sobre lo que es el amor perfecto o sea, el que es el verdadero arte de amar en la pareja y los astros tienen mucho que ver en dichas evaluaciones. El mayor grado de placer recibido es la escala superior y la contraria, la inferior, de ahí que los signos coincidentes, siempre nos reportarán mayor regalo sensual.

Veamos lo que los astros nos tienen deparado en las relaciones con nuestro ser amado y sus respectivos grados de aceptación, según lo mandan los cánones celestes:

Eme). –

EN ESTA POSE LA CHICA ''Abraza con las piernas lateralmente'' a su amante quedando ambos frente a frente y en forma lateral, el inconveniente que tiene es que el hombre puede lastimar con su peso la entrepierna de su pareja. Esta figura es propia para cuando la mujer está embarazada

ARIES: los de Aries se llevan muy bien con los de su mismo signo; aunque con cierta dificultad; con los de Tauro hay ciertos problemas pero sigue la buena relación lo mismo que con los cancerianos y con los de Géminis, la relación es óptima.

TAURO: los amantes taurianos tienen relativas dificultades con los de Géminis y un poco de problemas con los de Aries, sin embargo, con los de su propio signo se llevan a las mil maravillas.

GEMINIS: dentro de la sociabilidad de los geminianos, éstos sólo tienen ciertos problemas con los de Tauro, pero se llevan bastante bien con los de Aries y con los de su propio signo.

CANCER: los cancerianos, como amantes tienen algunas dificultades con los de Aries y problemas con los de Géminis, pero buenas relaciones a secas, con los de Tauro y los de su mismo signo zodiacal.

LEO: los dominantes leos tienen relaciones con cierta dificultad, con los de Tauro y los de su propio signo, sin embargo, con los de Aries, las relaciones amatorias son bastante buenas.

VIRGO: los de este signo llevan buenas relaciones con los de Cáncer, regulares con los de Leo y mucho mejores relaciones con los de su propio signo de Virgo.

LIBRA: los de este signo se llevan con ciertas dificultades con los de Géminis, pero mucho muy bien con los de Aries, Tauro y con los de su propio signo.

ESCORPION: los de Escorpión se llevan con algunos problemas con los de Sagitario y Acuario, bien con los de Capricornio y mucho mejor con los de su propio signo.

SAGITARIO: los sagitarianos tienen ciertas dificultades con los de Cáncer, Virgo y buena relación con los de su mismo signo, pero se llevan bastante bien con los de Leo.

CAPRICORNIO: los amparados por este signo, como amantes se llevan bastante bien con los de Virgo y Cáncer, bien con los de su propio signo y con ciertas dificultades con los de Leo.

ACUARIO: los acuarianos tienen dificultades con los de Aries y los de Tauro, sin embargo, se llevan mejor con los de su propio signo y de forma espléndida, con los de Géminis.

PISCIS: los piscianos son formidables amantes con los de Tauro, con quienes se llevan a las mil maravillas; no así con los de Aries ni Géminis, con los que tienen ciertas dificultades.

Aclaramos que estos signos afines son los mejores para poder lograr mejores conquistas románticas, dimos asimismo los grados de afecto y podemos concluir que, estas relaciones son las inmejorables, ya que con los demás signos, lo seguro es que las cosas no irían como con los signos afines.

Qu). –

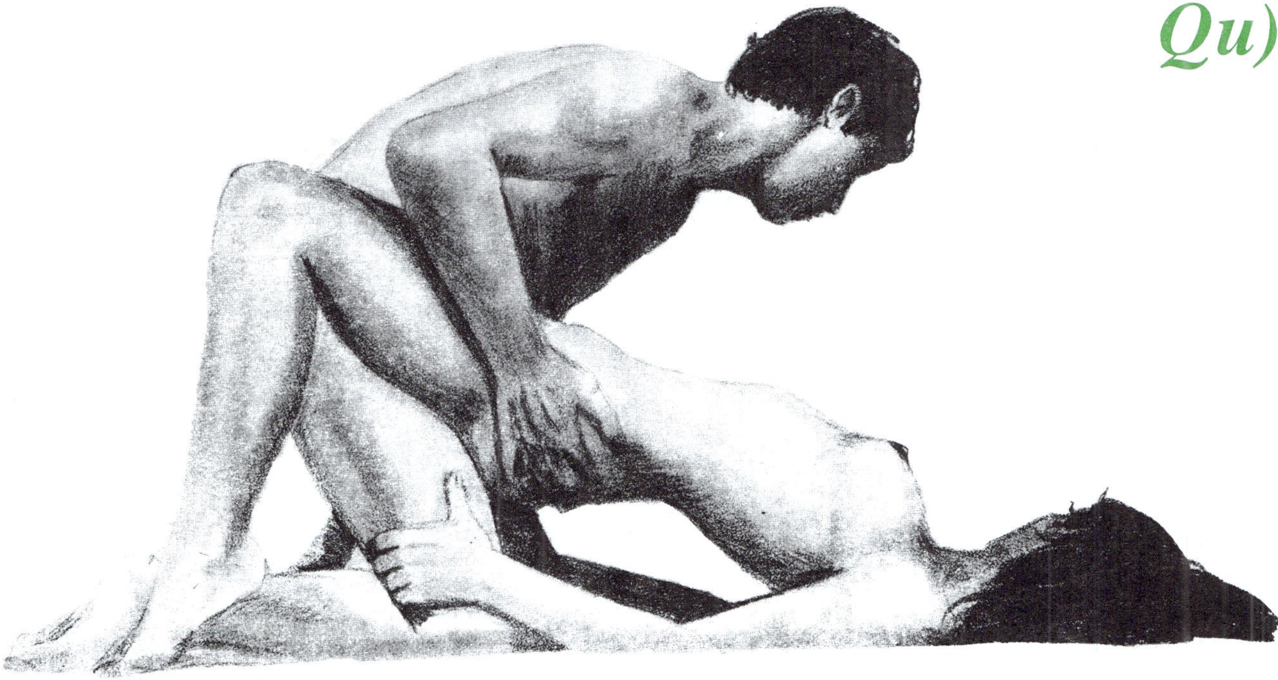

LA POSE DE "PUBIS EN ALTO" incentiva la imaginación de los amantes para lograr nuevas variantes eróticas; en esta figura la chica eleva su pubis hasta el pene de su macho, que la recibe hincado. Ella se impele desde las corvas del varón, para lograr el movimiento amoroso.

ABERRACIONES SEXUALES

Dentro de lo bello, sublime y limpio que tiene la relación carnal entre hombre y mujer, hay muchos hechos que manchan esta hermosa unión, y son las perversiones sexuales. Enseguida presentaremos algunas de las aberraciones sexuales, que hacen del amor algo nauseabundo y sucio, pero que por desgracia existe.

Por principio de cuentas diremos que La Biblia condena dos pecados: la homosexualidad y el bestialismo: o sea, el hacer el amor entre personas del mismo sexo y con animales. Por desgracia ya no hay freno en las mentes de ciertas personas y pugnan, ya no sólo por verificar sus desviaciones, sino por perder a los demás que nacieron sanos, o sea, limpios a la vista de Dios y de las leyes. Quizás consideran que expandiendo su degeneración, van esos seres a ser menos sucios y contranaturas de lo que son.

Entre las perversiones existentes, además de las que condenan las Sagradas Escrituras, están:

El Exhibicionismo, que no es más que el afán de ciertos sujetos de mostrar sus partes pudendas o genitales. Este hecho ni siquiera tiene por pretensión la de consumar el acto sexual.

La Paidofilia, es un acto sucio de sujetos viejos, enfermos o impotentes, que molestan a los niños. Muchas veces sí llegan a violarlos y, como la "jotería", es un mal que tiende a avanzar para perder al mundo.

El Sadismo es una aberración que consiste en ligar la sublimidad del acto sexual con el terror y el horror de causar daño al ser al que se está amando. O sea que el sádico sólo logra placer sexual cuando antes o durante la unión erótica ejecuta actos de crueldad en su amante. El nombre está tomado de Alfonso Donadien Conde de Sade, literato francés conocido como El Marqués de Sade, quien murió loco en el manicomio de Charenton.

Eñe). –

HACER EL AMOR DE PIE TIENE también sus atractivos y permite a los amantes explorar nuevas variantes en el exquisito manjar que es el amor. En esta gráfica, el varón tiene a su dama de espaldas a él y ella se inclina para permitir la posesión, deteniéndose de él y él a ella.

El Masoquismo es la contrapartida del sentimiento anterior y es una anomalía del instinto sexual en que la voluptuosidad se experimenta a plenitud, sufriendo el castigo que le propine su pareja, humillación que hará de buen grado o presionado a veces por la propia víctima. El masoquismo es un caso de subordinación frente a otra persona, invariablemente en el terreno sexual, y el nombre viene del escritor austriaco Leopoldo Sacher Masoch. La flagelación que sufre el masoquista es llamada peyoratívamente como "el vicio inglés".

El Travestismo es una aberración de los hombres que sienten cierto placer de usar prendas femeninas y muchas veces, portan las prendas de caballero, las ropas externas, pero por dentro, suelen vestir prendas femeninas. Quien acuñó la expresión fue el doctor Magnus Hirsfield y define esa enfermedad de la personalidad, que es un auténtico trastorno de la conducta y las emociones humanas. Esta aberración va muy ligada a la del homosexualismo.

El Mirón, llamada según los franceses dicha aberración El Voyeurismo, para los ingleses viene a ser el Peepin Tom, y consiste en espiar o mirar, a una mujer que se despoja de sus ropas; esto suele suceder en los vestidores de damas, en los balnearios, en los probadores de los grandes almacenes. Y su enclave legal es difuso aún de modo tal que muchos juristas lo califican de "escándalo público", e "invasión de la vida privada", "intromisión en la intimidad" o "alteración del orden" y hasta de "robo frustrado". El hecho es tan vergonzoso que muchos "voyeuristas" o "fisgones" prefieren ser acusados de ladrones que de mirones. Tres son los puntos en que se basa el mirón para actuar: la chica tiene que ser desconocida, la observación debe ser clandestina y sobre todo, no debe saber la chica que está siendo observada.

Las Obscenidades por teléfono, las suelen hacer por lo general sujetos en contra de tres tipos de mujeres: solteras, divorciadas o viudas y que por lo general viven solas. Son usualmente llamadas inmundas y tratan sobre la vida sexual de la dama y de la forma en que les gustaría disfrutar con ellas de ciertos momentos sexuales. Algunas chicas listas han accedido en parte, pero sólo para dar opción a la policía a que haga su parte y darle su merecido al tipo que quiso pasarse de listo, escudado en la trinchera del anonimato.

Ene). –

"ORILLITA DE CAMA CON TENAZAS A LA CINTURA" es esta figura erótica y deja que el varón otorgue caricias a su dama, especialmente en los pechos, su bajo vientre y el clítoris. Es una pose propiciatoria para el orgasmo.

El Fetichismo, es una desviación sexual en la cual un sujeto se siente atraído eróticamente hacia una prenda (generalmente ropa íntima) de alguna dama en cuestión. Es concretamente en patología sexual la producción de sensaciones eróticas por medio del tacto o la mera posesión de objetos pertenecientes a la persona deseada. Carece de fundamento anatómico y está anclado dicho hecho, en la historia de la vida del fetichista y por lo mismo, el padecimiento es factible de ser abordado psicoterapéuticamente.

Incesto, es la aberración sexual que consiste en efectuar el acto erótico con algún familiar o sea, en forma consanguínea: madre con hijo, hermana con hermano o padre con hija, nieto con madre y abuela con su hijo, ¡en fin! que esto ocurría muchas veces entre los reyes, para que el trono no quedara entre la plebe. Obviamente la naturaleza protestaba y los hijos nacían, además de con ciertas taras, con la temible hemofilia, que es la falta de coagulación de la sangre. A este mal se le suele llamar La Enfermedad de los Reyes.

Etcétera.

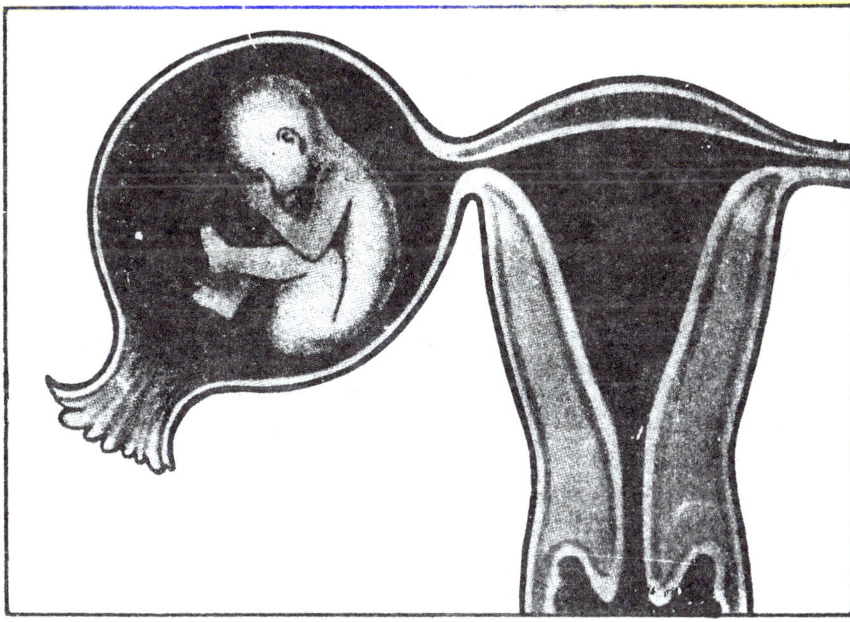

Pe). –

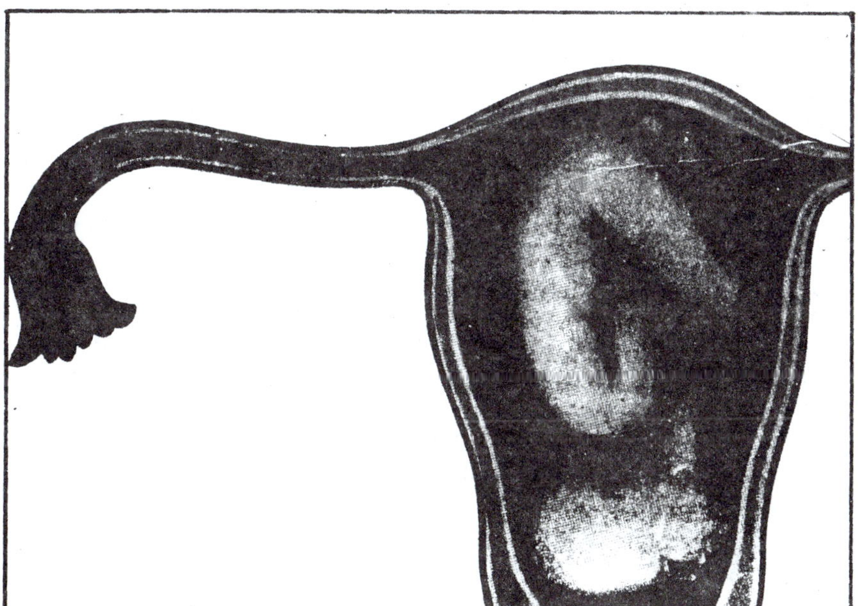

LAS ENFERMEDADES VENEREAS

Para el mejor disfrute del exquisito platillo del amor, es menester estar al alba tocante a los males que acechan, una buena relación sexual, y entre los más peligrosos están, las enfermedades venéreas, palabra ésta que se deriva de Venus, o sea, la que era para los romanos la Diosa del Amor, en tanto que para los griegos lo era Afridita, palabra ésta que prohijó "afrodisiaco", que es lo que nos conduce a lo erótico.

Entre las enfermedades venéreas más conocidas, están:

La Blenorragia, Purgación, Gonorrea, Catarro Inglés o como se le quiera decir a este mal que es causado por el gonococo, gérmen que describió por primera vez Neisser en 1879 y que se transmite únicamente por contacto directo, o sea, exclusivamente por relación sexual. Los contagios por otros medios son extraños. La oftalmia blenorrágica en los recién nacidos es causante de ceguera, a menos que al nuevo ser se le eche una solución apropiada de nitrato de plata, al 2% (instilación de Credé), en cada uno de los ojos.

La Sífilis es la enfermedad sexual más terrible que existe y sus males van de lo más sencillo hasta la muerte misma; se le conoce asimismo como lúes o morbus gallicus (mal francés); el agente causante es la espiroqueta pálida o espiroqueta sifilítica, microbio que fue descubierto en 1905 por F. Schaudinn y E. Hoffmann. Se propaga dicho mal a todo el cuerpo desde el punto de entrada de la infección y nunca a través de la piel sana; ese punto de entrada o escoriación se le conoce como Chancro Duro. El contagio suele efectuarse durante las

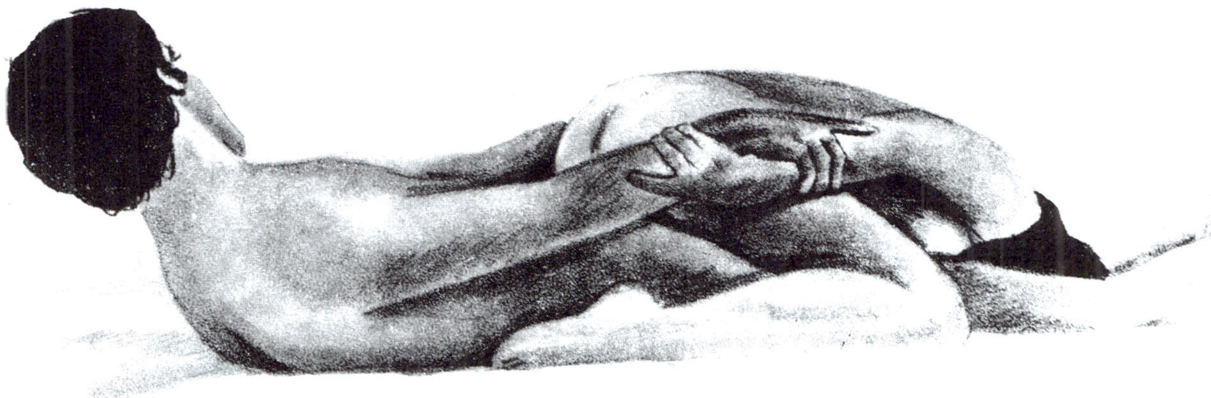

ESTA FIGURA EROTICA PODRIA ser una "Cubanita Estilizada" o introducción por detrás y permite una gran sensación sexual si él toma a su dama por las manos y la jala hacia sí, repitiendo el movimiento cuantas veces sea necesario.

Elle). –

relaciones sexuales de una persona sana con una enferma. La ley contempla este caso y puede hablarse de Daños contra la salud y la persona transmisora puede ir a parar a la cárcel, por contagiar tan terrorífico mal, que produce ceguera, locura, invalidez, caída de pelo y un sinfín de calamidades. En muchos lugares se le confundía con la lepra y en otros nunca se les pudo distinguir.

El Chancro Blando no es un daño rotundamente grave pero puede causar infinidad de molestias; se transmite o contagia por contacto sexual y se manifiesta dando a los pocos días de ser contraído, tremebundos picores en la parte afectada, lo mismo que despidiendo un olorcillo corrupto y molesto: hay supuración y fuertes dolores en la herida que se forma; la ingle respectiva sufre hinchazón en los ganglios. Este mal se considera ya erradicado pero bien podría no tratarse de uno blando y ser un chancro duro o sifilítico, que es más frecuente.

El Linfogranuloma Inguinal, es considerado la cuarta enfermedad venérea o bubón climático y no es más que un proceso patológico producido por un virus filtrable que se transmite por contacto erótico. En el sitio del contagio se forma una ulceración o nodulillo insignificante; a las 3 o 4 semanas se producen extensas tumefacciones supuradas unidas a la piel; los ganglios linfáticos inguinales y los de zonas más profundas se inflaman y fusionan, causando fístulas de larga duración. La enfermedad se reconoce como cutirreacción de Frei y es frecuente en las zonas tropicales.

Ere). –

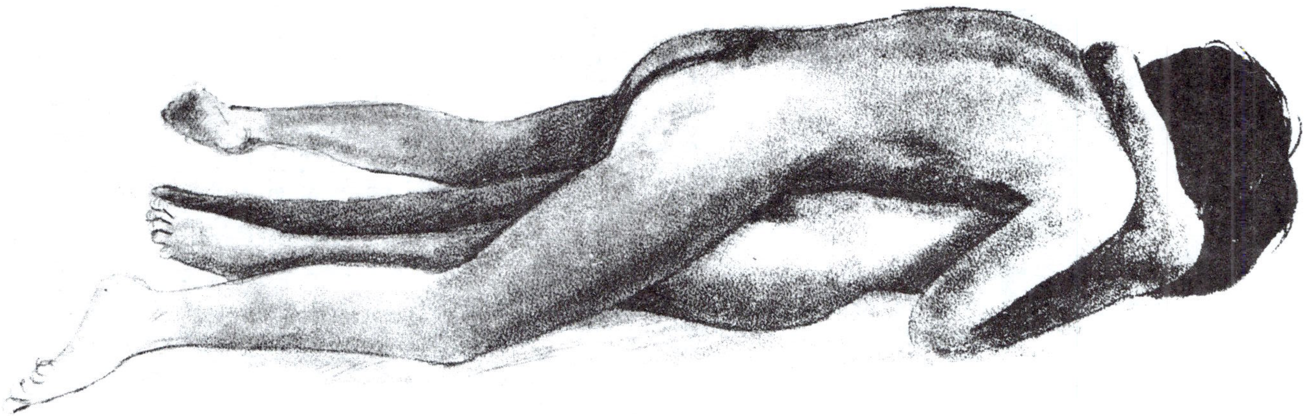

ESTA POSE SE LLAMA "La Recuperadora" pues permite la mayor gratificación sexual si es que el sujeto tiene un falo de dimensiones reducidas y la dama una vagina de gran amplitud; esta pose recorta diferencias y el placer triunfa por deber.

EL SIDA: LA PESTE LILA.

Dentro de las calamidades que acechan, amenazan, acosan y laceran, al bendito amor entre hombre y mujer, está ese Castigo del Siglo XX, conocido como El Cáncer Sucio, El Mal de la Inmundicia, El Castigo Divino o La Peste Lila, conocido médicamente como SIDA (AIDS para los norteamericanos), y sus siglas significan: Síndrome de Inmunodeficiencia Adquirida.

La primera vez que se logró aislar el virus sídico fue en la Universidad de Berkeley, California y se debió al obsequio que hizo el Zoológico de san Diego, de varios mandriles africanos; en ellos se logró conservar el virus y por descuido se inocularon varias personas del aseo, al llegar al ser humano se declaró el contagio. Al principio se quiso utilizar el virus para los machos ratas, para eliminarlos, ya que se consumen el volúmen de alimentos en California, que bien podrían alimentar a medio millón de personas. Sin embargo, el virus jamás llegó a las ratas ya que la fuga del personal contaminado, frenó los experimentos, pues se comprobó que sus efectos frenaban de golpe, al sistema inmunológico de los seres humanos, como sucede actualmente en los Estados Unidos primordialmente, y en otros países en menor escala. En Africa el SIDA es un mal endémico.

Erre). –

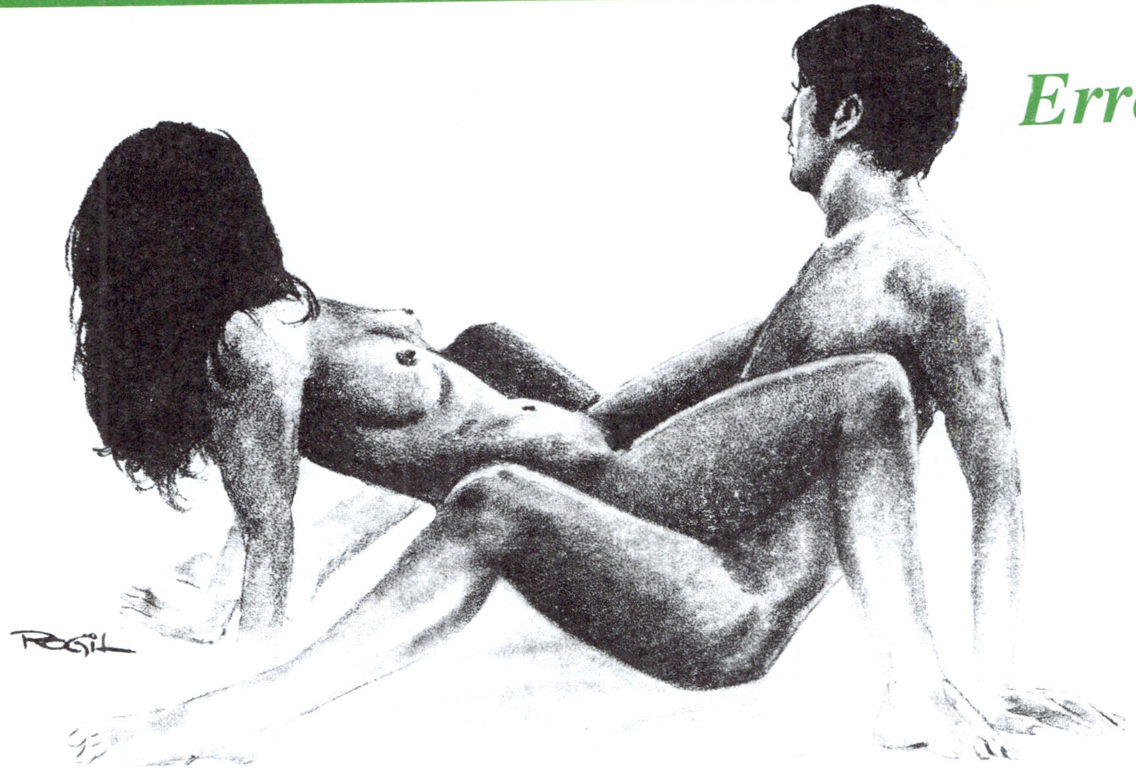

ESTA POSE ES UNA VARIANTE del "Abrazo" debiendo echarse ambos hacia atrás y quedando unidos sexualmente; ambos pueden llevar el movimiento acompasado de sus cuerpos en un grato reporte de sensaciones magníficas.

En las comunidades de homosexuales es fácil el contagio tan sólo por el simple uso de sus vasos desechables, los besos y el simple charlar enfrente; las madres sidosas han contagiado a sus hijos por el simple hecho de amamantarlos, por sus lágrimas y hasta se dice que los mosquitos, transmiten el SIDA como lo hacen con la fiebre amarilla, la oncocercosis o los plasmodiums vivax, falciparum y malarie (paludismo). El SIDA es motivo de discriminación para todos los parientes de alguien que lo padece, significando una auténtica conciencia social y una sentencia justiciera.

Hace cuatro años se presentó en San Francisco la primera epidemia que alarmó al mundo, y cundió el mal llamado científicamente como leucoplaquia de pelo, que es una lesión en la lengua que causa un profundo dolor y de esa forma se comienza a diagnosticar en torno a esta terrible calamidad de las buenas conciencias; dicha lesión aparece como zonas blancas hinchadas que engruesan la lengua y tienen el aspecto de bolas peludas, por lo que los que ofrecen cuidados médicos, incluso especialistas de la boca, están en la posición de identificar los síntomas orales de tan terrible mal.

Lo recomendable es no tener contacto con la saliva de los homosexuales ni mucho menos tener con ellos prácticas contranatura. En el pasado VII Festival de Teatro de Manizales, Colombia, como se reúnen tantos depravados, invertidos, travestis y jotos, las autoridades locales implantaron un auténtico control de seguridad para evitar contagios; la iglesia local pidió mesura y prudencia a las autoridades sanitarias, a fin de evitar una epidemia de grandes proporciones. El arzobispo de Manizales José de Jesús Pimiento Rodríguez, pidió especial control con drogadictos y depravados sociales, evitándoles la práctica de actos inmorales.

El SIDA tiene varios Fundamentos Estructurales que son:

a) El Deterioro Social (o relajamiento congregacional a que se ha llegado en la libertad a los excesos de los homosexuales).

b) La Tolerancia a la Homosexualidad (ya no se conforman los señores jotos con la discreción, ahora buscan notoriedad).

c) Bisexualidad. (Este es el puente entre los depravados y la gente normal, ya que hay sujetos que practican el sexo indistintamente, con hombres y con mujeres); y:

Ese). –

ESTA POSE QUE EL PUEBLO BAJO, conoce como "Pollito Frito" tiene el incentivo visual de que el varón se excita a la sola presencia de su dama en esa actitud preparativa y ya en el movimiento amatorio, es grandemente gratificante.

d) Muerte Segura (Sentencia al desacato. Sí, todo exceso merece un castigo pues quien acomete el pecado acepta la pena).

El cuadro de potencialidades del SIDA se da en los siguientes casos:

1. Entre los drogadictos o narcodependientes.
2. Entre los hemofílicos (males consanguíneos).
3. Entre los negros (predisposición étnica).
4. Entre los alcohólicos (con sus defensas aminoradas).
5. Entre la gente sana (por contagio); y
6. Entre quienes practican la sodomía (por excelencia).

A pesar de que el SIDA ya cuenta con la esperanza de una medicina descubierta en Alemania: el Ciclosforín, ya cobró muchas víctimas, siendo la más célebre de ellas: Rock Hudson, pero; vayamos por partes: El Ciclosforín es una substancia que evita el rechace de los órganos que tengan que transplantarse, durante los tratamientos contra el SIDA.

Los sidosos tienen ya un mártir y una bandera, que es precisamente el actor holywoodense Rock Hudson, quien murió víctima de tan terrible peste moderna, símbolo de los licenciosos días que estamos viviendo, en esta cuarta parte del Siglo XX. A su muerte, millones y millones de mujeres lloraron decepcionadas, de haber endiosado a un ídolo de barro, a un homosexual, quien no obstante llegó a ser un galán taquillero de los años cincuentas y sesentas.

A su muerte se desató una cacería de gays, homosexuales y depravados en los Estados Unidos, representando la crisis de libertades, que muchos seres invertidos confundieron con libertinaje. Este mal destruye todas las defensas orgánicas del individuo y convierte al paciente en una persona predisuesta a que lo mate el más sencillo padecimiento. El padecimiento de Hudson era el secreto "mejor guardado" del top secret médico, sin embargo, en México eran muy famosas sus correrías de homosexual, al grado que a famoso coreógrafo y bailarín jaliciense, le regaló un rancho por "entenderse" con él.

Para acallar los fuertes rumores de sus desviaciones, Rock se casó con la hermosa modelo norteamericana Phillip Gates con quien duró casado tres "larguísimos" años, aunque ella confesó a los chicos de la prensas que el "galán" jamás la tocó

Te). –

ESTA POSE DE EQUILIBRIO PRECISO permite a la dama apretar dentro de sí el pene de su amante en forma intensa, y a su compañero, le deja las manos libres para prodigar a su dama caricias y tactos digitales en el clítoris.

y que sin embargo, prefería a los jóvenes desviados como él. Rock murió a los 59 años de edad en su enorme mansión de Beverly Hills, California en donde vivía con cuatro enormes perros. El nació en Winnetka, Illinois y debutó a los 23 años de edad. Trabajó con las más hermosas mujeres de la Meca del Cine en el Mundo de Hollywood, tales como: Elizabeth Taylor, Doris Day, Jennifer Jones, Gina Lollobrigida, Elsa Cárdenas, Lauren Bacall, y muchas más, a las que besó con pasión como si fuera todo un hombre. Su verdadero nombre es el de Roy Scherer. El realizador Raoul Walsh fue su descubridor y lo dirigió en "Escuadrón de Combate" y lo demás, ya es historia fílmica.

U). –

UNA DISPOSICION ATLETICA, por parte de la chica requiere esta pose, llamda ''El Hincado y Ella Sostenida en Alto'', para la cuál él se hinca primero y ella logra ser introducida, luego se echa hacia atrás y con una mano recibe su propio peso en tanto él la soporta a dos manos por las nalgas, dirigiendo la acción erótica.

LAS PARTES EROGENAS

Las partes erógenas del hombre y la mujer son muchas y siempre distintas, así como el cuerpo humano es un laboratorio entéramente distinto de persona a persona, asimismo, las zonas erógenas varían de uno a otro ser, en toda su geografía corporal. El trabajo de cada amante, radica precisamente, en la localización de dichas áreas afrodisiacas.

La misión del amante es precisamente la de explorar, en el cuerpo de su amada, esas zonas erógenas, para despertar en ella sus instintos sexuales y desencadenar en forma volcánica su respuesta amatoria. Esa forma de desbloqueo, que va desde la pasividad extrema hasta la amante incendiaria, es la labor del verdadero don Juan.

Una forma de identificar las zonas erógenas de la mujer, es seguir el ritmo de su respiración y precisamente ahí, donde ella cambia su ritmo respiratorio para convertirlo en respiración entrecortada, en susurro, en quejido, en jadeo o en alguna expresión alusiva como "Ay papito", o "Así mi rey", precisamente decíamos, es donde hay que incentivar o intensificar el ataque.

Los escarceos, calentamientos o el llamado "cachondeo", tienen por misión la de hallar esas zonas erógenas, y una vez halladas esas áreas afrodisiacas, el amante debe concentrar ahí su ataque, a fin de lograr en su dama las respuestas debidas y especialmente, cuando el acto amoroso está en plenitud, desencadenar en ella el orgasmo. Así, siguiendo con estos principios, podrá uno considerarse un amante verdadero.

Pongamos por ejemplo que uno se casa con su novia y ella es vírgen; exacto, hablamos de la noche de bodas. Ella jamás ha tenido una sesión amorosa y uno la va a conducir por esa senda nueva. Es ahí cuando uno debe echar mano de toda su experiencia. Debe uno con palabras tiernas decirle a ella que

Ve). –

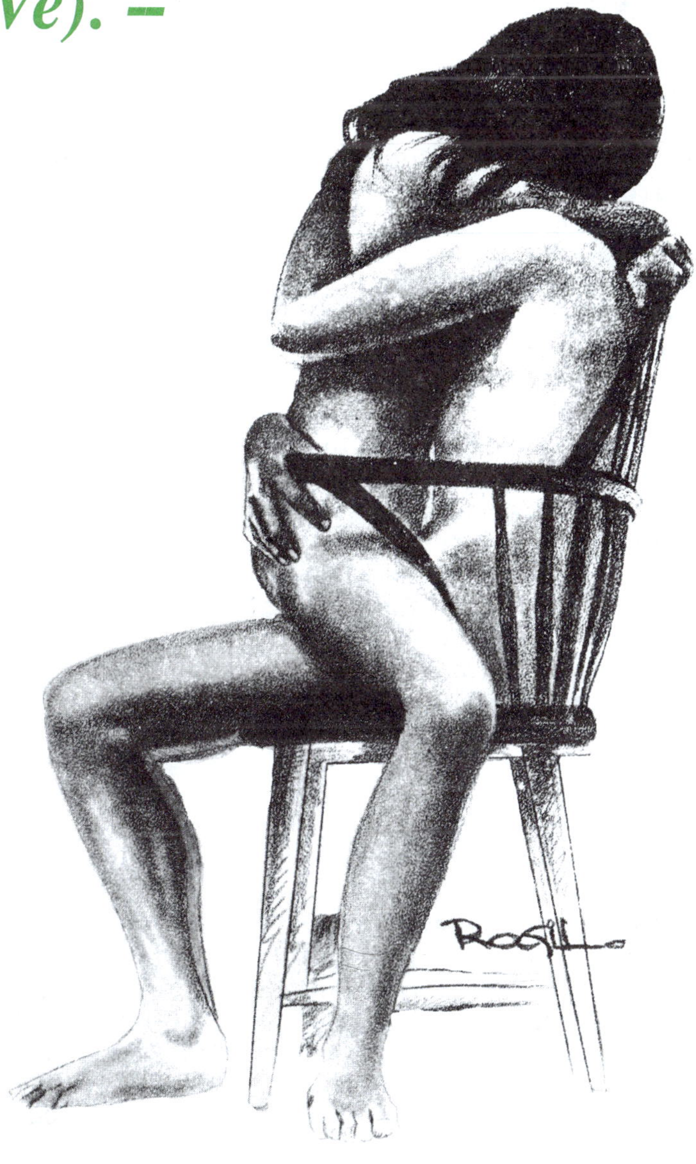

LA FIGURA EROTICA DE "Abrazo en Silla" es de una gratificación erótica insuperable, ya que permite la total introducción del pene y el intercambio de besos y caricias, dominando el varón, casi toda la anatomía de su compañera.

lo que van a hacer es necesario, que de esa forma sellarán la unión contraída. Ella romperá un poco el hielo, entrará en situación. Deberá uno quitarle poco a poco el vestido de novia o el que ella lleve (ya que hay chicas que se quitan el vestido blanco para salir a carretera o a tomar el avión).

Estando ya ambos al pie del lecho, uno poco a poco le empezará a quitar su ropa, comenzará uno a romper sus más leves resistencias, ya que a pesar que ella sabe para lo que está ahí, aún defenderá su condición de doncella. Entonces es cuando el varón, reuniendo todas sus iniciativas deberá besar cada parte que vaya quedando al descubierto, que si un hombro, que si la espalda, que si los senos. Ahí es donde el varón debe tener todo el tacto posible para detectar el ritmo de respiración de la chica.

Los besos candentes deben esperar un poco pues aunque muchas chicas sólo esperan eso para poder entregarse sin reservs, el pastel no estaría a punto y se malograría la posesión. Debe seguirse el escarceo amoroso hasta que uno la escuche suspirar, hasta que ella sienta que lo que falta, es lo que ella espera. Y precisamente, cuando ella ya esté totalmente desnuda y uno también carezca de ropa, debe recorrerse el cuerpo de ella a base de besos, rascaduras, lameduras y pequeños mordiscos, hasta que ella misma diga: "Ya, hazlo de una vez. . . Soy tuya".

Claro que como el hombre es la parte activa, uno mismo se conoce y sabe que todo nuestro ser es una zona erógena, pero cuando la violación ha sido cosa del pasado y la chica comienza a tener iniciativas eróticas, ella puede buscar en uno también las zonas erógenas que los hombres tenemos. Por ejemplo, hay hombres harto sensibles en las tetillas, en los testículos, en el glande del pene, en la espalda, y es misión de la hembra de uno, dicho descubrimiento.

La mujer tiene menos zonas erógenas que el hombre y más disímbolas, pero quien las conozca, tendrá en su hembra un volcán de pasión. Entre las zonas erógenas más comunes de la mujer, están: los pezones, los senos, los hombros, el clítoris, los labios, las nalgas, las entrepiernas, la nuca, el cuello, el ombligo y obviamente la vagina. El hombre tiene para detectar esas áreas, los dedos, la lengua, el oído y su propia boca.

Así las cosas, feliz sesión amorosa.

Dobleú). –

ESTA POSE ES LA "ORILLITA DE CAMA RELAJADA" ya que en el encuentro amoroso es menester hallar poses de "desgaste" o sea, para sostener el acto sin forzar el orgasmo; el aparente desdén logra el mayor incremento para el momento decisivo, el del orgamo.

ORGANOS SEXUALES DEL HOMBRE Y LA MUJER

Los órganos sexuales del hombre y la mujer, son obviamente los órganos de la reproducción, y para los fines que se pretenden, suelen ser también los órganos del placer. Sí, hablamos del placer por el placer mismo, ya que no todo en la vida, es la conjugación del verbo engendrar. La vida también es la complacencia amorosa, especialmente si llegamos a la conclusión de que ya somos muchos. Cuando el hombre acató la orden de "Creced y multiplicaos", es que en ese tiempo había mucho pero mucho espacio; ahora, las áreas comunitarias están robando lugar a las zonas verdes y ya no hay sitio donde vivir.

Y en esto como en todo diremos: las damas primero, o sea que conozcamos en primera instancia la composición de los órganos de la hembra: la mujer está dotada de una vagina, que es la entrada al útero, donde se depositará el espermatozoide

Equis). –

ESTA POSICION AMOROSA ES CONOCIDA como la Vid Trepadora y data de remotos estudios orientales; cumple una figura erótica, a la vez que estética y también reporta placer si se logra dominar el cansancio y la incomodidad.

que engendrará al nuevo ser Cuando la mujer es señorita tiene un sello de garantía llamado hímen o membrana, el cual se romperá en el momento de la violación.

A los lados de la vagina están los labios mayores y los menores; arriba está el meato urinario y más arriba el clítoris, que es una zona con muchos nervios, por eso es ahí donde radica en la mujer la mayor excitación sexual durante el acto carnal. Abajo de la vagina están las glándulas de Bartholino y más abajo, el ano.

Los órganos internos de la mujer tienen, al fondo de la vagina la matriz, abajo a un lado, la vejiga, más abajo la uretra y arriba los anexos y trompas de Falopio, que es donde se verifica la ovulación, o sea, el momento en que el ovario expulsa un óvulo y suele verificarse tal hecho entre el décimo y catorceavo día después de cada menstruación, correspondiente a los días fértiles de la mujer.

Los órganos genitales masculinos tienen: el pene, el glande, el surco balanoprepucial, los cuerpos cavernosos, los testículos, el epidídimo, la uretra, la próstata las vesículas seminales y el canal deferente; todo en conjunto integra el sistema reproductor del hombre y en la gráfica correspondiente se verá la distribución de dichas partes.

Estos son pues los órganos genitales masculinos y femeninos, que permiten no sólo la reproducción, sino uno de los momentos más gloriosos del ser humano: el acto carnal.

Y griega). –

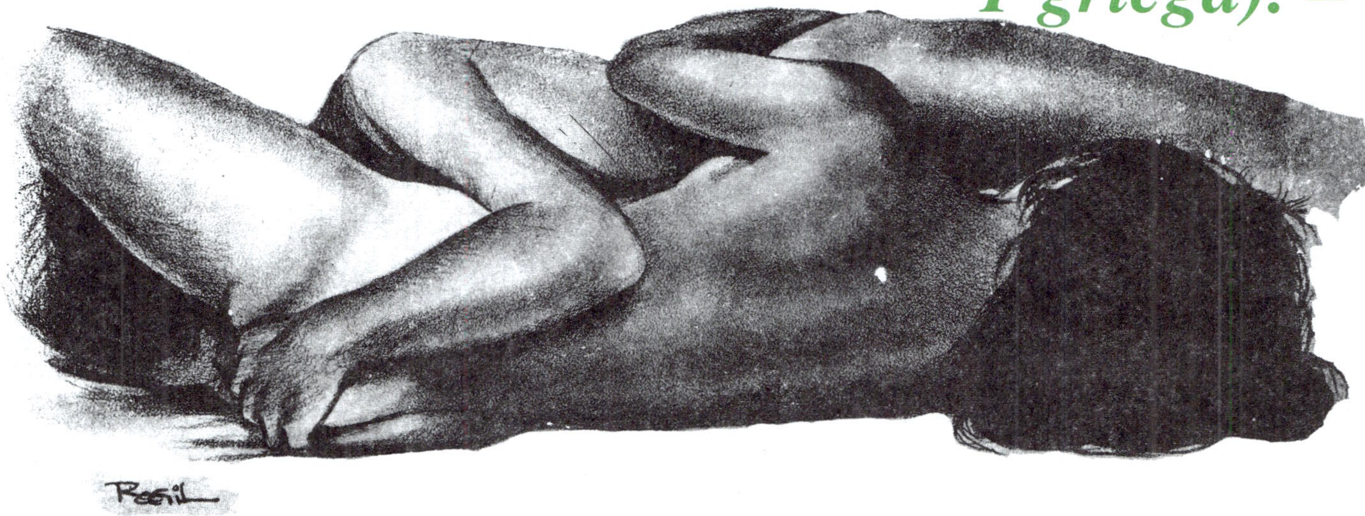

EL LLAMADO PLATILLO FUERTE de toda sesión erótica es el conocido como "Sesenta y nueve", donde la mujer hace la felatio y el hombre el ounninlingus y consiste en incentivar con la boca el sexo de la pareja en forma simultánea, o sea, unísona.

LA SELECCION NATURAL.

Cierta vez Lolita Ayala preguntó a don Fernando Marcos, el sabio envidiado e incomprendido por los mediocres, que si a su avanzada edad, todavía seguía practicando el futbol, y él respondió una frase maravillosa: "El Futbol como el amor, son deporte de juventud". Como frase es magnífica, pero no es del todo cierta, ya que en el hombre se presenta la posibilidad de hacer el amor, a cualquier edad, desde que puso a funcionar su organismo reproductor.

Sin embargo, la mujer sí tiene una vida dramática, pues al concluirse su dotación de ovarios entra en la menopausia y ya jamás podrá tener descendencia, especialmente pasando de los treinta y cinco años, ¡eso! en la mayoría de las damas, aunque puedan darse algunas excepciones. Y muchas veces se dan casos en que si la mujer llega a concebir a avanzada edad, sus hijos les saldrán mongólicos, o sea, con el temible Síndrome de Dawn, o sea, con un cromosoma de más en el par veintiuno.

Zeta). –

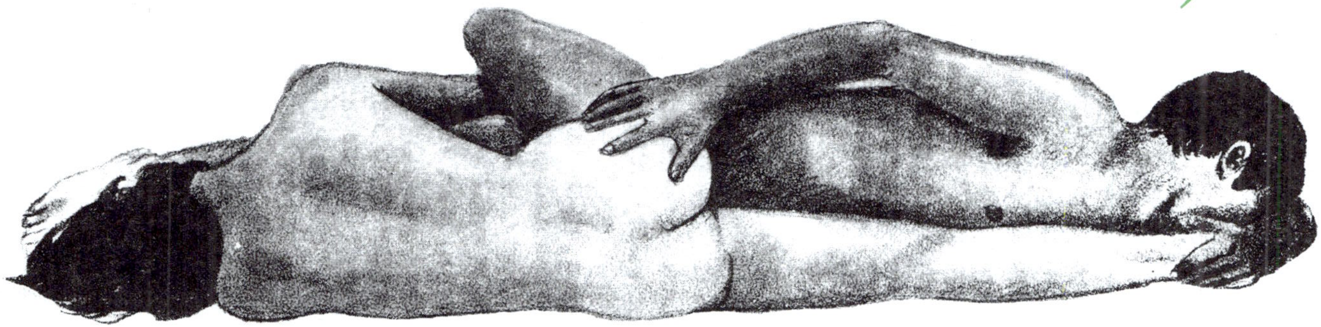

EN ESTA POSE AMBOS AMANTES se hallan "encontrados" y sirve para que la sangre afluya hacia el pene y lo irrigue benéficamente; el contacto erótico se permite cuando la dama levanta ligeramente la pierna.

El cuerpo de cada hombre es un laboratorio distinto y puede generar a voluntad (sabiendo hacerlo) cuantas veces requiera, su dotación de espermatozoides; lo único que necesita es pedirle al sexo lo que él quiere tomar. Hay una ley que dice que "Organo que no se usa se atrofia" y otro dicho que dice: "Si dejas a Venus un día, Venus te quita dos"; o sea que mientras más se haga el amor, más activa será nuestra producción de esperma. He ahí la falla de la expresión de Fernando Marcos. El hombre es lo joven que quiere ser, ya que ser joven, es sentirse joven.

No obstante hay que considerar un capítulo que bien podría llamarse La Selección Natural, y es que dentro de los conglomerados humanos suelen haber selecciones de individuos: los sujetos más fuertes buscan a las hembras más hermosas y mejor dotadas físicamente, y éstas a su vez, se dejan escoger por los más jóvenes y poderosos.

Cierto, de suyo es el sexo para la juventud, pero no es privilegio exclusivo; personas de edad avanzada suelen llevar una vida sexual muy satisfactoria y hasta procreativa; hay lugares donde abuelos auténticos llegan .procrear, bastando que su esposa sea una mujer joven y con bastante salud.

El ejercicio es vitalmente necesario, por eso es que el baile suele significar el ejercicio adecuado para la pareja, antes de tener contacto carnal; el ejercicio da al hombre suficiente fuelle o compresión, y esto lo obtiene si corre por las mañanas al menos veinte minutos, comenzando el primer día, con una caminata fuerte, los siguientes días deberá tener un trote de al menos media hora y llegará el día en que corra a campo traviesa una hora; pero ¡eso sí! bajo estricta observación médica.

Las sesiones de carrera deben ser por las mañanas que es cuando no hay smog o polución ambiental; esto permitirá al varón estar vigente, pues, como lo decíamos: ser jóvenes es sentirse jóvenes.

Alfa). –

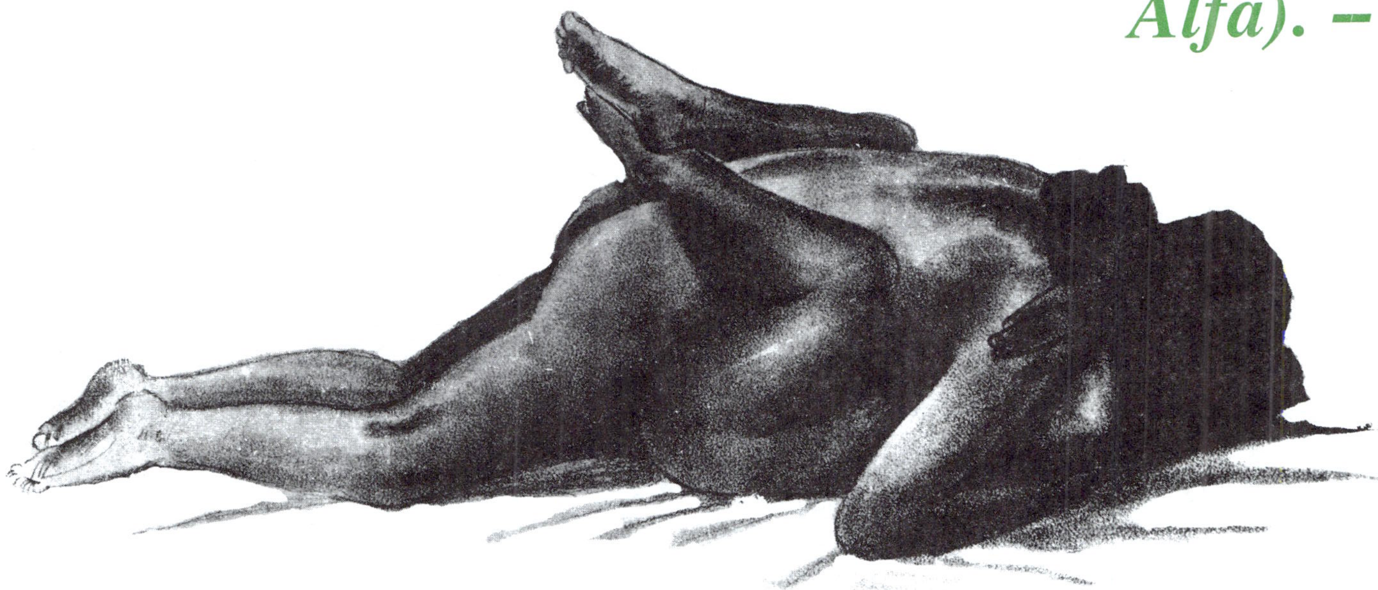

LA POSE DE "ENTREGA ABSOLUTA" es aquella que más identifica a los amantes, ya que representa la total posesión del macho por su hembra; ella lo abraza con pies y manos y él la colma de besos y caricias. Se recomienda esta pose para lograr los orgasmos de la pareja.

EL EJERCICIO EN EL AMOR

La gimnasia organizada es bastante benéfica en los matrimonios modernos, especialmente si el señor de la casa es un hombre con imaginación amatoria y la señora del hogar es una amante complaciente y con suficiente disposición, para verificar todas las fantasías de su esposo-amante. Cuando una relación conyugal es a ese nivel, jamás será necesario que entre a descoyuntar alguien el hogar de nadie. Claro que hace falta la buena conciencia de ambos cónyuges, ¿cómo va uno a conseguir pellejos en casa teniendo en casa buena carne? Esto lo podría decir desde un gato hasta un señor respetable y buen padre.

Las damas deben tener una disposición magnífica para el amor "con imaginación", sus huesos deben ser flexibles, sus músculos poderosos y sus cartílagos elásticos, por ésto es que deben practicar una gimnasia sexual que las tiene que convertir en las insuperables compañeras de cama, de su hombre.

A su vez, el hombre debe ser un amante tan completo, que en cada sesión amatoria, deberá saber conjugar, la ternura del pianista con la rudeza del luchador; así, de esa forma, la mujer se sentirá totalmente poseída y le pertenecerá al ciento por ciento, y no habrá para ella, mejor hombre que el que le pertenece por entero.

La humanidad entera depende del acto sexual, por eso es tan importante; pero si a un hecho rutinario de reproducirnos se le agrega imaginación, entonces podemos hablar del sexo-arte, para lo cual es necesario que el hombre y la mujer, sean lo más cercano a atletas sexuales.

Beta). –

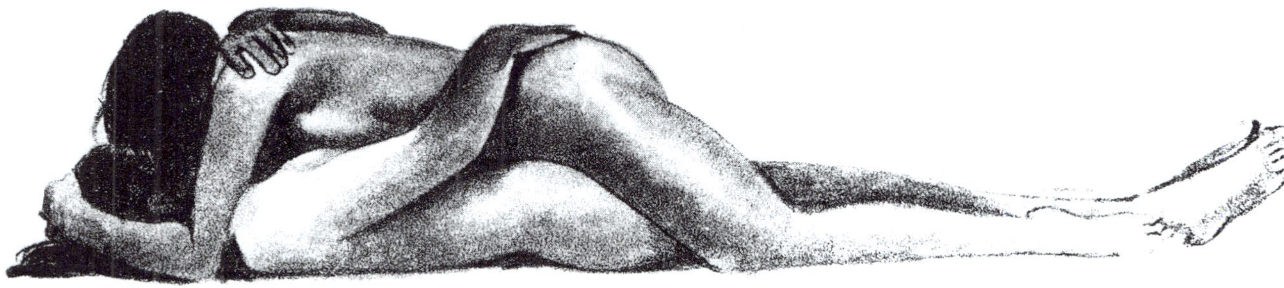

ESTA POSE LLAMADA AMANTES PARALELOS PERMITE QUE EL, hombre se ponga en decúbito supino y reciba a su dama paralelamente a él, quedando ambos frente a frente; ella lo puede colmar de besos y él acariciar a dos manos las nalgas de su chica, sin que se interrumpa el ritmo sexual de ambos.

Como en realidad los cuerpos fláccidos reducen el apetito sexual, es menester pugnar por tener la mejor apariencia posible, de ahí que es necesario conocer los puntos esenciales de la gimnasia erótica, especialmente la destreza muscular. Los requisitos previos son la fuerza y el vigor, por ello es menester tener mucha salud y estupenda alimentación; el caso es que triunfe el amor en las relaciones conyugales.

La base de la gimnasia sexual son: el acondicionamiento corporal y la flexibilidad muscular, debiendo centrarse ambas disciplinas en: a) la Impulsión Pélvica; b) Rotación de los Muslos; c) Aducción de los muslos; d) Rotación de las caderas; e) Flexión del torso; f) Expansión del torso; g) Rotación de ambos senos y h) Sexometría.

Esta clase de ejercicios son isonométricos y cinéticos, o sea, con movimiento y tienden a dar habilidad a la mujer en las partes mencionadas en el párrafo anterior, a fin de estar aptas para las disciplinas más complicadas del sexo-arte.

Gamma). –

ESTA ES LA POSE DEL PERRITO CLASICA sin mayores filigranas, debiendo utilizarse un plano duro para facilitar el movimiento amoroso; permite al sujeto libertad de manos para acariciar a su dama, la que le pertenece en esa pose en todo y por todo; nada de ella queda fuera del alcance de él.

EL SEXO Y LA PORNOGRAFIA

Muchos crímenes culturales cometen los países tercermundistas en nombre de la pornografía, cuando que los países cultos han reglamentado su circulación; ha habido congresistas norteamericanos, que han afirmado que no por el pretexto de salvaguardar la mentalidad infantil, se va a coartar la auténtica libertad de un pueblo, por la cual se ha derramado mucha sangre. Hay países del tercer mundo, en los que gente asustadiza manda poner una tela a una diana Cazadora, por un falso pudor atentatorio contra el arte supremo.

La pornografía es como una llamada a misa, quien quiere va y quien no se queda en casa, o sea que a nadie se le obliga a que acuda a comprarla o presenciarla. Si es o no degradación es cosa de quien la practique, siempre y cuando se haga entre personas heterosexuales y en la forma normal. Y precisamente en la Medicina Inglesa, la pornografía, ha venido a ayudar en los casos de frigidez femenina; y es que muchas damas que la han padecido, se han desbloqueado mentalmente y han llegado a conocer el Orgasmo, al que toda mujer tiene derecho. La falsa moral victoriana quedó ya derribada y las mujeres han conquistado el derecho que tienen al pleno disfrute del amor.

Delga). –

ESTA POSE "DE PIE" y estando ambos amantes frente a frente, permite aprovechar el mínimo espacio y lograr un encuentro erótico intempestivo, ocasional y rápido, aunque por ello, falto del reporte gratificante de los sentidos.

La pornografía cumple una misión cultural y es la de afirmar a cada quien en el sexo que le corresponde, según la suerte que le tocó al nacer. Los sexos intermedios: homosexualidad, lesbianismo y bisexualidad, deben quedar fuera de la pornografía, ya que entonces sí se estaría en una labor de perdición de la gente joven. Asimismo, el bestialismo debe quedar proscrito en la pornografía organizada.

La función social que cumple la pornografía es bastante útil, ya que ayuda a que las parejas a conocer diversas técnicas sexuales que, de observarse en el hogar, reportaría a los cónyuges una convivencia placentera y duradera. La pornografía no es mala si mala no quiere verse; condenar a la pornografía de una forma sistemática, es condenar al acto sexual y al disfrute que nos reportan nuestros propios cuerpos. No olvidemos que si no fuera por el acto sexual, no hubiéramos nacido ni tendríamos una vida conyugal grata.

En las administraciones provinciales de Suecia, mediante las cintas pornográficas se enseña a los padres, no sólo la forma de hacer el amor sino hasta a que los señores sepan poner pañales a sus críos. En México es más fácil condenar la pornografía, en forma ciega e inculta, que aceptar lo que no alcanzan a comprender. Algún siglo de estos, quizá México aprenda a comprender las ventajas de esas cintas educativas.

Epsilón). –

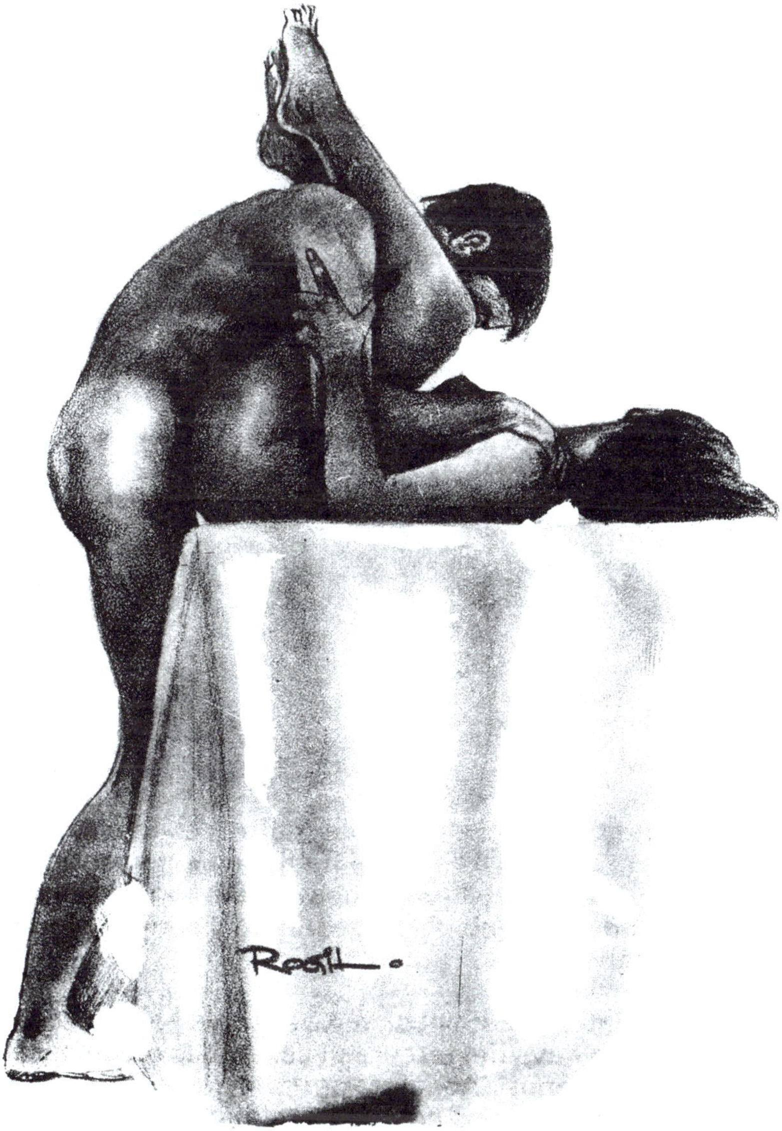

LA "ORILLITA DE CAMA DE PIE", permite que la dama ponga las pantorrillas sobre las clavículas de su pareja, hecho que ha dado al pueblo el calificar a dicha pose como "Armas al hombro"; si el movimiento del hombre es vigoroso la dama incentiva su receptabilidad y se incrementa su placer.

EL AMOR DURANTE EL EMBARAZO.

Durante el embarazo sí es factible realizar el acto sexual, y es preocupación de este trabajo, el hablar en este sentido. En esta obra, presentamos algunas poses que son posibles de realizar por las damas que están gestando y son las siguientes:

Hache) Pose lateral. Esta posición es propia para cuando la dama en cuestión lleva del tercero al sexto mes de gestación.

Ka) La pose del Reposo Absoluto permite que el varón posea a su amada por atrás en una actitud de relajamiento completo.

Eme) Esta pose llamada "Ella abraza con las piernas, lateral", es una variante suficiente para romper la monotonía, durante el embarazo; y

Ni) Es otra pose muy propia para las damas embarazadas, la llamada "Abrace con las Piernas" y es una variante de la anterior.

Dseda). –

ESTA FIGURA EROTICA ES LA "Pose lateral en silla" y permite a la dama el automanipuleo de su clítoris para lograr un orgasmo reconfortante. Su pareja la tiene que sostener, pero a la vez, puede aplicar imaginación en sus tocamientos eróticos.

Hay muchas más, pero la limitación de nuestra paginación nos impide presentar, toda la gama de posiciones para verificar el coito durante la gestación; sin embargo, esta es una modesta contribución de ese trabajo, o sean, las poses: Hache, Ka, Eme, y Ni.

La mujer en cinta no debe suprimir su vida sexual y esto enfatiza la plena convivialidad entre ella y su esposo, quien debe asumir su real papel de jefe de la casa, y debe darle a ella su importancia, ya que con o sin "barriga", su dama será para él, la mejor de las mujeres.

Los niños que nacen en México al año son de una proporción cercana a los dos millones doscientos treinta y cinco mil criaturas, lo que aminoraría la cifra si los señores hacen el amor con las esposas que tienen en sus hogares y no con alguna dama fértil y que por una simple aventura, tuviera que concebir por cuenta de nada. No hay nada como la relación sexual en el hogar, salvo que uno viva un franco amasiato con una chica guapa, linda y liberada.

La mujer embarazada tiene todo el derecho del mundo a vivir su sexualidad, muy a pesar de su estado interesante y esto lo hará cada vez que su espontaneidad se lo disponga, tomando en cuenta que su hombre, tiene que tener la madurez necesaria para saberla complacer, especialmente en esa especial situación. Por otra parte, el que una parturienta haga el amor antes del alumbramiento, le reportará una extrema facilidad para la hora crítica, ya que el feto nacerá con toda felicidad.

Eta). –

EN ESTA POSE LLAMADA "PARALELOS BOCA-ABAJO", la pareja se encuentra boca abajo estando el macho encima de la hembra y ambos en posición extendida y horizontal; la ventaja que reporta es propiciar en la dama una mayor estrechez y por lo mismo incentivar la sensación amatoria en su pareja.

GENITALES INTERNOS

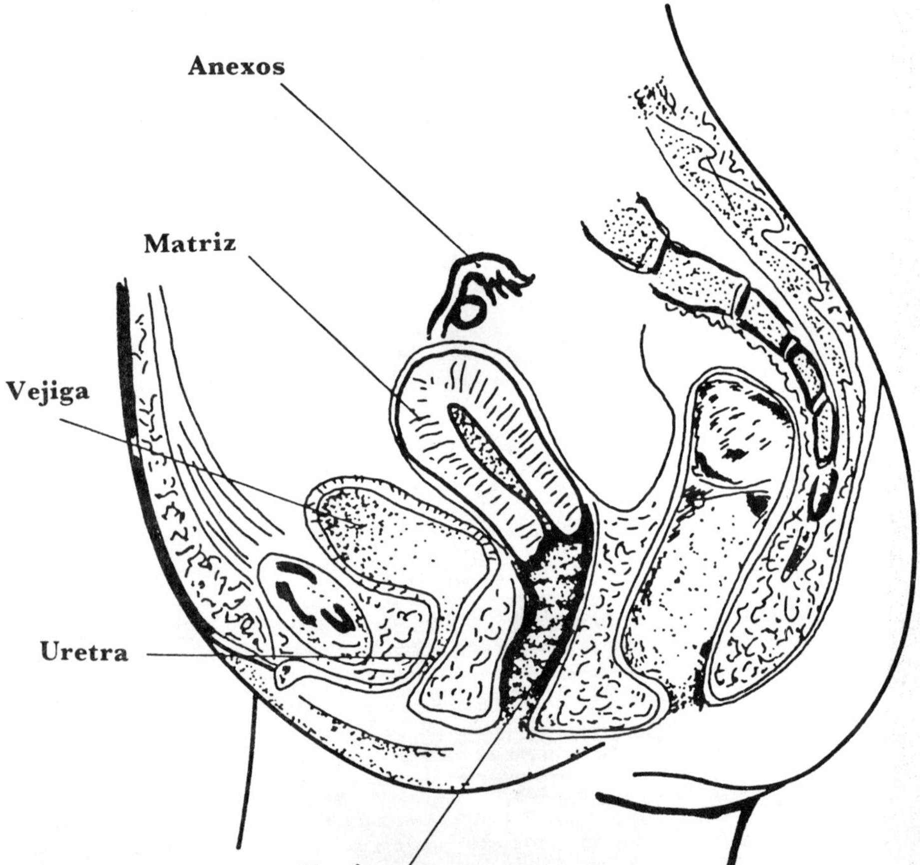

FEMENINOS

Teta). –

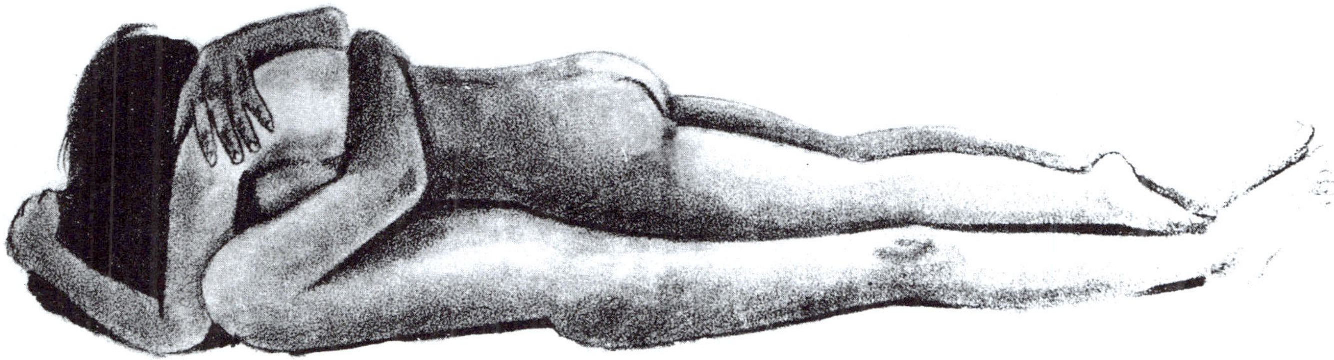

ESTA POSE LA CONOCE EL *pueblo bajo como "Palito ensebado horizontal" y permite que la pareja se colme de besos y caricias; generalmente funciona esta figura erótica cuando ambos amantes están totalmente entregados el uno para el otro.*

El momento decisivo o sensitivo del acoplamiento e el encuentro con el sexo masculino lo consigue la dama con los pequeños y grandes labios, la vagina, el clítoris, el monte de Venus, etcétera.

Los senos se clasifican de manera secundaria o de una característica exclusivamente sexual; es decir sin que ésto se encuentre relacionado directamente al acto del "coito" y a la reproducción. El área mamaria está conjuntada por el erotismo. A dicho efecto señalamos, que tanto el hombre como la mujer reaccionan al estímulo sexual que se nombra "mamario". La dama es mucho más sensible que el varón en este sentido.

Los senos de la mujer transitan por varias etapas modificatorias que corresponden a un proyectado esquema. Antes del orgasmo, los pezones de la dama son rígidos y acompañados de hinchazón en las venas que provoca el aumento de volumen. Posterior al orgasmo, todo lo referido desaparece como por arte de magia.

Los occidentales analizan la vagina femenina al tiempo de relacionarla con el aparato genital de la misma, al cual tienen en gran valor. Aunque si estudiamos el placer en su amplio mecanismo, es lógica y aceptable la opinión de los occidentales a la vagina de la mujer por la reproducción.

Ahora, pasamos al ángulo fisiológico de la vagina, la cual en estado de reposo es sólo un espacio vacío. No está siempre accesible y sus paredes se juntan. Su ancho en completo reposo difiere entre uno y dos centímetros, aunque la profundidad natural es de ocho centímetros. Las paredes vaginales se complementan por una red de fibras elásticas.

A partir de la primera manifestación la excitación hace acto de presencia. Las mucosas que tapizan las paredes vaginales segregan un viscoso líquido en abundancia. El lubricado en sí llega a las paredes de la cavidad.

El ligero estímulo físico es lo previsto para desatar el mecanismo. El diámetro y longitud de la vagina ascienden exageradamente. El mencionado diámetro de aumento logra alcanzar los cinco o seis centímetros y su longitud no es menor de diez centímetros y ascienden mucho más en el acto sexual.

Iota). –

ESTA POSE ES COMO EL COMPLETO de una sesión amorosa con imaginación e idea fantasiosa; debe haber una lubricación previa para evitar el rozamiento en el varón. La chica debe tener un peso reducido y él firmeza de músculos, para lograr un ejercicio gratificante.

Diversas variaciones se proyectan en la parte vaginal y muy cerca de la embocadura. Por consecuencia las paredes se espesan y obstruyen el paso. Esto es atribuible a la irrigación sanguínea. Lo mencionado fue comprobado por médicos de fama internacional en pruebas de laboratorios realizadas a decenas de mujeres.

Los facultativos estadounidenses intitularon esta prueba como: "la plataforma del orgasmo", la cual ejerce en el pene una ligera presión.

Cuando llega el orgasmo las paredes de la vagina son afectadas por algunas contracciones que hacen su aparición en lapsos de 0.8 segundos los cuales se presentan nuevamente durante seis y hasta doce ocasiones. Las contracciones iniciales son las más fuertes. En un buen orgasmo se presentan hasta ocho veces.

Posteriormente, la vagina sufre un relajamiento y regresa a su forma normal, lo cual está supeditado a la intensidad del orgasmo en sí.

La vagina está protegida por los pequeños labios y el clítoris. Bajo los grandes labios se ubican los pequeños labios y el clítoris, los cuales son demasiado sensibles a la excitación erótica. Los pequeños labios también están cruzados y sujetos por nervios a la excitación al igual que el clítoris. En el curso del contacto sexual se presenta una leve turgencia que produce un total estiramiento hacia el exterior. Con la frotación del pene logra una extraordinaria excitación en la vagina.

El clítoris. Este produce en el sexo femenino, placeres sexuales inenarrables, su longitud es de dos a cinco centímetros, aunque su erección no consigue ser muy alta. La curiosidad del caso es que se asemeja al pene.

El hombre debe conocer la limitación de la excitación sexual manual y si después de un lapso de cosquilleo comprueba la ocultación del clítoris debe de evitar la insistencia, ya que ésto ocasiona un descenso en la excitación de su amada. Entonces rozará el clítoris de manera indirecta.

Kappa). –

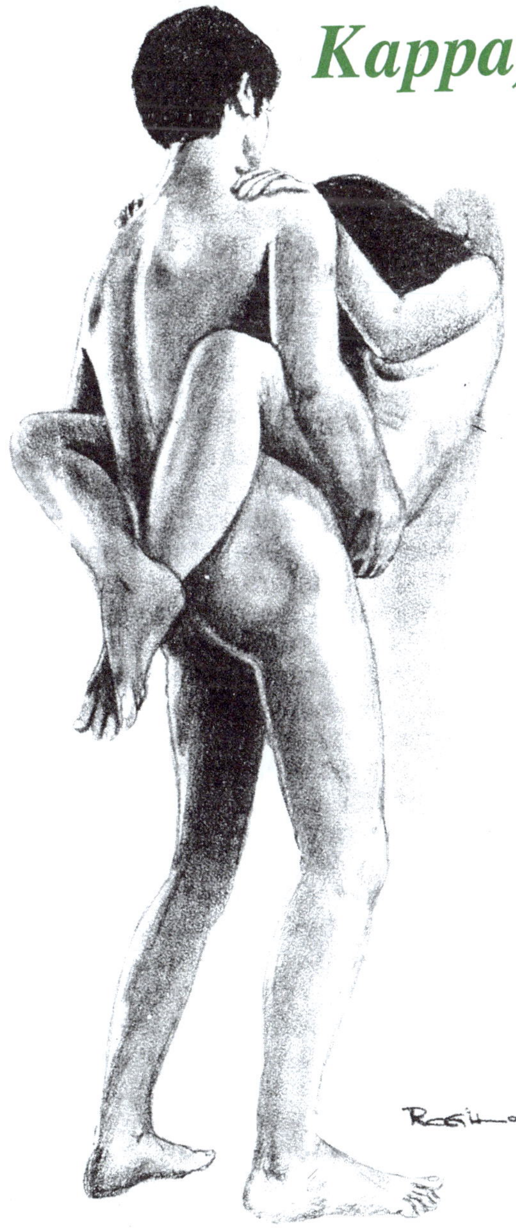

UNA POSE VARIANTE DE LA ANTERIOR es la presente, on la que es menester soportar el peso de la dama en la pared y sustentarla de las nalgas; tampoco reporta mayores goces eróticos, de no ser el cubrir el rubro de una postura caprichosa.

Médicos y expertos sexólogos internacionales investigaron ininterrumpidamente durante algún tiempo y utilizando 8,590 experiencias para establecer si el orgasmo también se presenta por los siguientes métodos: onanismo, sueños eroticos por lectura pornográfica, coito o contacto homosexual. Los resultados obtenidos fueron que el orgasmo se logra por cualquiera de las formas referidas.

Por supuesto que existen casos, aunque aislados, en que algunas mujeres no logran el orgasmo a menos de emplear la *masturbación*. Empero, la mayoría del sexo femenino consigue el orgasmo por el acto del "coito". Otras y de acuerdo con su propia naturaleza sexual, necesita de "coito" y masturbación para quedar satisfecha exhaustivamente.

El "coito" en intermedios es bastante conocido, aunque es muy inseguro. Antes de eyacular, el hombre aparta de la vagina el pene, de este modo no se presenta el semen en el útero. Suponiendo de que el hombre detenga su eyaculación, hay de todas formas la posibilidad de que algunos espermatozoides se incrustaran en la vàgina. Antes de que el varón eyacule, las glándulas de Cowper disparan algunas gotas de semen y ésto es suficiente para provocar un embarazo en la mujer. En sí no recomendable a la pareja ejecutante del acto sexual, emplear este método.

Método preventivo y de no embarazo. La píldora anticonceptiva es uno de los más eficientes y modernos métodos: la mujer tomará durante veintiún días interrumpidos de cada mes, dicha píldora, si por alguna circunstancia deje de ingerirla, el riesgo de embarazo estará vigente.

También existen otros sistemas o métodos para eludir el embarazo, éstos son: *el pesario*; se trata de algo similar a un cuenco de caucho que se monta en el fondo de la vagina y delante del útero, el cual evita él acceso de los espermatozoides en el cuerpo de la mujer. Esta clase de preservativo será mantenido por la dama en su lugar hasta después de siete horas de haber practicado el acto sexual.

El muy vulgarmente conocido por "condón", es otro de los sistemas para evitar el embarazo; aunque también se utiliza para no contraer enfermedades venéreas por el hombre, en el caso que realize el "coito", con una mujer enferma de sus órganos genitales. Este es de fácil adquisición y el hombre se lo monta en su pene bien erecto y en el momento del acto sexual, al llegar la eyaculación; ésta queda depositada en el preservativo y ni hay riesgo de embarazo en la compañera de alcoba, ni el hombre contrae ninguna enfermedad venérea.

Lambda). –

ESTA POSE ES ESTUPENDA, es la "Sillita posterior" ya que permite tener las nalgas de la mujer en la pubis y los muslos del hombre y éste, puede acariciar los senos de su dama, palpar sus formas y tocar digitalmente su clítoris. Es de alta gratificación sexual.

Seguidamente mencionaremos otros métodos de origen casero y que las amigas y comadres aconsejan poner en práctica y no salir embarazadas, éstos sistemas son: tomar una taza o vaso de laxante después del acto del "coito", o

bien realizar exhaustivos labados vaginales o ingerir dos pastillas de antiácido efervescentes al contactó del agua, sal de uvas, etcétera; aunque no se tiene la absoluta certeza de que lo últimamente mencionado haya producido resultados favorables en la cuestión de eludir el embarazo. Lo más recomendable es el seguir los consejos de los facultativos expertos en esta materia.

GENITALES EXTERNOS FEMENINOS

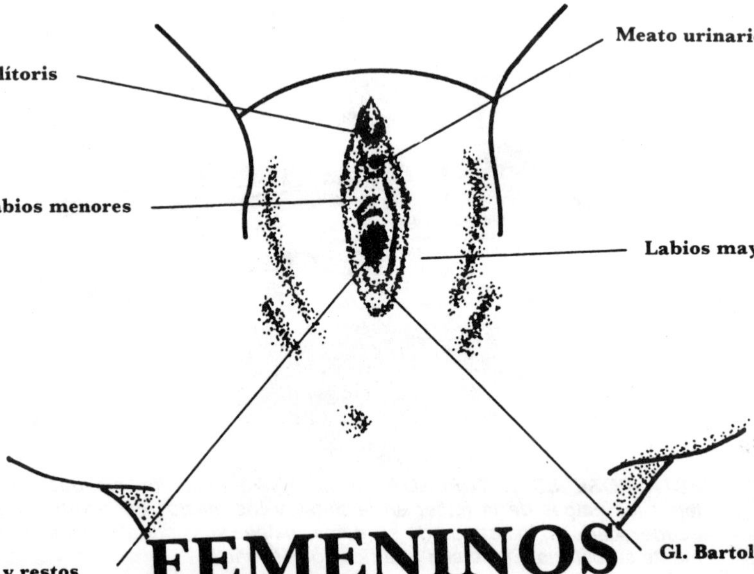

Mi). –

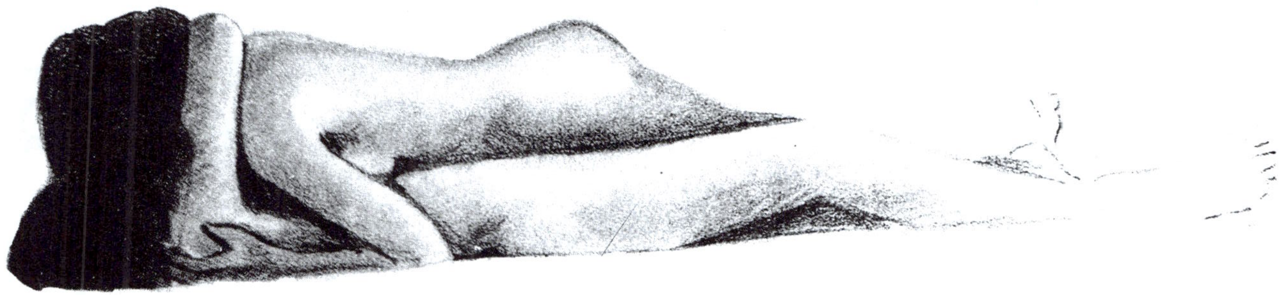

ESTA FIGURA EROTICA DEJA QUE la dama estreche su vulva y reporte a su compañero un mayor placer; ambos yacen horizontales, ella sobre él y logran intercambiar caricias y besos. Puede ser también una pose para lograr el orgasmo.

ORGANOS GENITALES

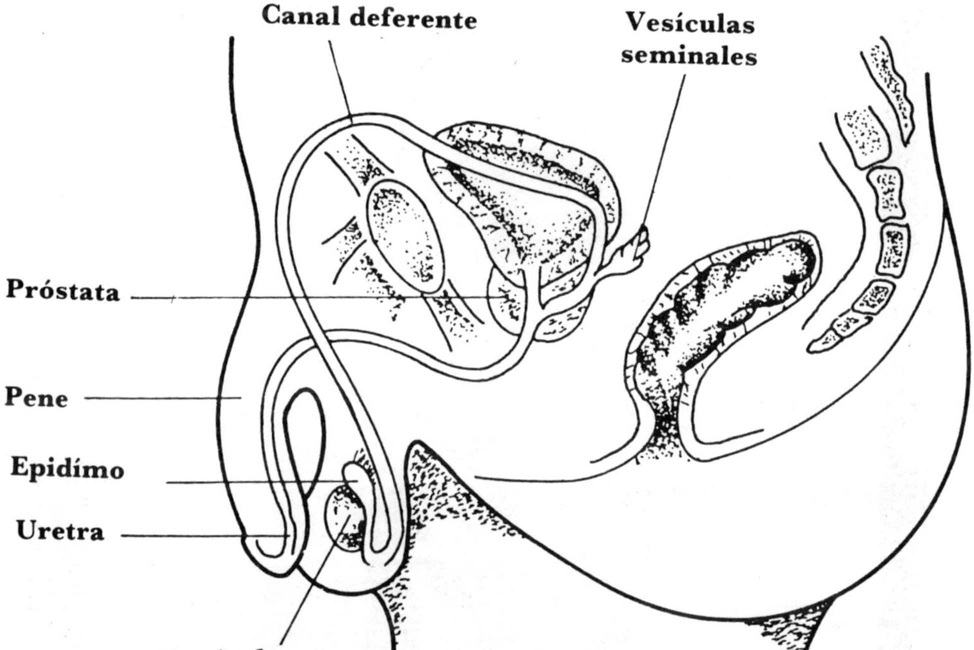

MASCULINOS

Ni). –

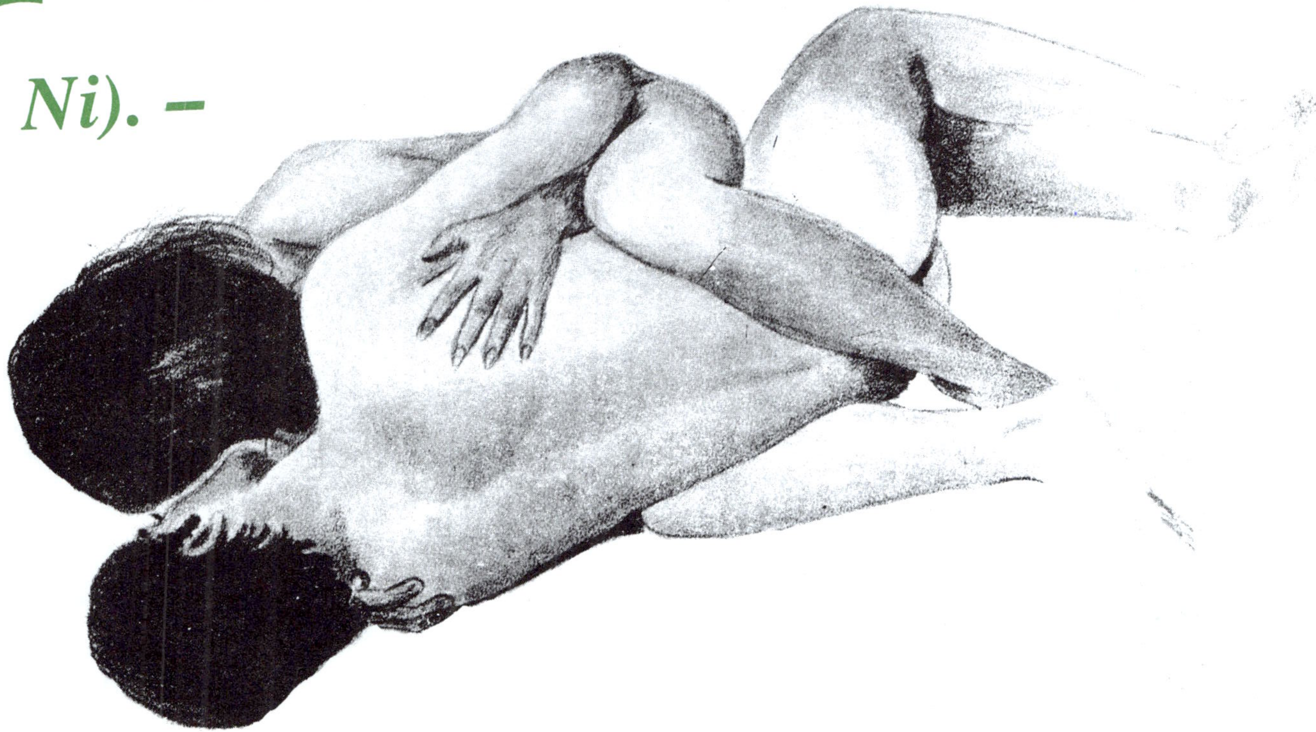

EL ABRACE CON LAS PIERNAS *por parte de la chica, permite en esta ocasión, la variante que el caballero puede encoger las piernas e impúlsar con sus rodillas a su dama, desde las nalgas de ella; a fin de lograr la gratificación sensorial en ambos.*

EL FINAL.

El tema sexual es infinito y muchas cosas habrá que mencionar en trabajos futuros: el onanismo o masturbación, el lesbianismo, la hipospadia, los estadios intersexuales, tratados importantes, algo sobre los estudios de Master & Johnson, y sobre todo, una infinidad enorme sobre posiciones amorosas, aquellas de las que nos hablan El Jardín Perfumado, El Kamasutra, El Danés y el Japonés, y muchos temas más.

Realmente distinguido lector, estamos seguros de haber puesto en sus manos un trabajo útil y que debe ser el compañero del amante moderno, ya que es justo que todo el amante con suficiente mentalidad evolucionista, haga de él y su compañera, auténticos campeones del amor.

Esperemos que en los hogares se pugne por subir de categoría en las relaciones amatorias, ya que la rutina, la monotonía y la costumbre, en lugar de unir a los cónyuges los separa. Sea pues este trabajo, un humilde pero voluntarioso compañero de alcoba.

Gracias.

El autor y los editores.

INDICE